LA FAMILLE

SAINTE-AMARANTHE

Par Mme A. R...

PARIS

IMPRIMERIE DE V. GOUPY ET Cie

RUE GARANCIÈRE, 5.

1864

LA FAMILLE

SAINTE-AMARANTHE.

PARIS. — IMP. GOUPY ET Ce, RUE GARANCIÈRE, 5.

LA FAMILLE

SAINTE-AMARANTHE

Par Mme A. R...

PARIS

IMPRIMERIE DE V. GOUPY ET Cie
RUE GARANCIÈRE, 5.

1864

AVANT-PROPOS.

L'auteur des pages que l'on va lire est madame A. R..., dont quelques ouvrages, publiés au commencement du siècle, ont obtenu un succès mérité. Elle était fille d'un homme distingué qui exerçait, sous le règne de Louis XVI, un des principaux emplois de l'administration financière : on la maria, à peine âgée de treize ans, à un collègue de son père; aussi, cette union, mal assortie, fut-elle rompue dès les premiers jours de la Révolution. Suivant l'usage qui subsistait encore, madame R..., alors madame de B..., se vit confinée dans un couvent, où, soumise d'abord à une discipline assez sévère, elle obtint ensuite tous les priviléges d'une liberté très-étendue. C'est à cette époque qu'elle se trouva en relation avec Mirabeau, le prince de Ligne, Cabanis, Lafayette, ainsi qu'avec une foule d'autres personnages marquants de l'ancien et du nouveau régime.

Vers la fin de sa longue carrière, qui se termina en 1852, madame R..., cédant aux instances d'une amie, dont le dévoûment soutenait et charmait sa vieillesse, consentit à lui dicter ses souvenirs. Une sensibilité toujours vive, une imagination toujours jeune et une rare présence d'esprit, les avaient scrupuleusement conservés. C'est du recueil de ces Mémoires que nous avons extrait les fragments qui suivent. Leur principal intérêt porte sur un des plus sanglants épisodes de la Terreur; épisode dont le récit défiguré par des rumeurs mensongères, a été successivement reproduit, sans aucun contrôle, par des historiens de la Révolution. Il s'agit de l'atroce condamnation prononcée par le tribunal révolutionnaire contre la famille Sainte-Amaranthe, dont tous les membres périrent ensemble sur l'échafaud, en mai 1794.

De regrettables égarements, trop communs à cette époque, où la légèreté, pour ne pas dire la licence des mœurs, marchait de pair avec le déchaînement des passions les plus féroces, ont été reprochés à la famille Sainte-Amaranthe, ainsi qu'à ses amis. Mais ces fautes, atténuées par de touchantes vertus, ne nous semblent pouvoir altérer, ni la sympathie due aux victimes, ni la confiance que mérite l'historienne de leurs faiblesses et de leur malheur. La parfaite véracité de ces récits était la seule valeur que madame R... y attachât : ce sera aussi, nous le croyons, leur meilleur titre à l'intérêt du lecteur. Il voudra bien, nous l'espérons encore, accueillir avec indulgence de nombreuses négligences de style, et certains traits d'enthousiasme romanesque, qui ont pour excuse de remonter aux habitudes littéraires d'un temps déjà loin de nous. Le coloris un peu artificiel, à la mode dans les premières années du siècle, complète, d'ailleurs, suivant nous, la fidélité de cette exquisse tracée cinquante ans plus tard par une main octogénaire. Nous n'y avons rien changé, rien ajouté, nous bornant à supprimer des faits personnels et des noms propres, dont la mention aurait pu soulever de légitimes susceptibilités.

C'est le 11 juillet 1791, que les cendres de Voltaire furent portées au Panthéon. Cette grande solennité était ordonnée pour le 10; une pluie diluvienne força de la remettre au lendemain. J'étais engagée à voir passer le cortége chez un de mes amis qui demeurait sur le boulevard Italien[1]. Je savais qu'il ne devait s'y trouver qu'un petit nombre de personnes *respectables*, m'avait dit deux jours auparavant, de son ton le plus grave, cet excellent homme; car il attachait une susceptibilité de

[1] Cette maison, qui porte aujourd'hui le n° 7, fut depuis habitée par Grétry; c'est là qu'il mourut.

père et de tuteur à ma position de très-jeune femme, si récemment séparée de mon mari, que j'étais obligée d'habiter un couvent. A la vérité, un amendement du Châtelet avait substitué l'enceinte extérieure à cette terrible chose, l'intérieur du cloître. Oui, terrible en effet, car malgré deux années de révolution, on y exerçait trop souvent encore les véritables rigueurs des lettres de cachet contre les victimes qui s'y étaient rendues, même volontairement. Je l'avais bien éprouvé; mais je n'en étais plus là. J'habitais depuis quelques semaines un appartement dans la cour de Sainte-Élisabeth, en face du Temple. Je jouissais de ma liberté presque entière, sans en abuser; seulement, M. de Langlade, l'ami dont j'ai parlé plus haut, qui avait des rapports d'estime et d'amitié avec ma famille, me faisait entendre des sermons bien autrement sévères que ceux de mon père, si rempli de tendresse pour son aimée fille. J'allai donc, dans la matinée du 11 juillet, chez M. de Langlade.

Il vint au-devant de moi, la figure renversée en me disant :

« Je suis profondément contrarié ; aujourd'hui, une famille, avec quelques-uns de ses inséparables, m'a fait demander l'hospitalité pour voir passer le cortége. Elle m'accueille si parfaitement, qu'il m'eût été impossible de refuser ; mais je me reproche ma condescendance à cause de vous, Madame.

« Ce sont donc des gens bien ennuyeux ? » lui dis-je. Mon hôte ne put s'empêcher de sourire.

« Non, ce ne sont pas des gens ennuyeux ; tout ce que je redoute, au contraire, c'est de vous voir sous le charme, vous que le beau entraîne avec tant d'exaltation.

— En vérité, voilà un grand inconvénient ! mais, je vous en prie, monsieur de Langlade, les noms, les noms ?

— D'abord, madame de Sainte-Amaranthe et sa fille.

— Oh ! interrompis-je, j'ai souvent entendu

parler de l'extrême beauté de mademoiselle de Sainte-Amaranthe, et je suis enchantée de la voir de près.

— Le beau seul n'est pas attaché à ce nom, reprit-il, le bon s'y trouve également, je suis forcé d'en convenir, et pourtant, ce n'est pas là, chère madame de B..., une société convenable dans votre position.

— Ah ! votre phrase favorite me paraît bien peu applicable dans cette circonstance.

— J'ajouterai même, continua M. de Langlade, que madame de Sainte-Amaranthe est d'une noble et ancienne famille; que ses manières sont parfaites; mais le goût du luxe l'a entraînée dans plus d'un écart. Sa fortune primitive ayant été promptement dissipée, les années qui ont précédé et suivi la révolution lui ont fait perdre de vue, comme à tant d'autres, les conseils d'une saine morale (mon ami de Langlade était fort aristocrate), et la fille de mademoiselle d'Archiac et du baron de Saint-Simon, commandant pendant de longues an nées à Besançon, honoré de l'estime de toute la province, madame de Sainte-Amaranthe enfin, tient une maison de jeu, d'un genre tout à fait princier, j'en conviens, mais ce n'en est pas moins une maison de jeu. De semblables relations peuvent-elles convenir...? — A une jeune femme dans ma position, répétant ainsi la phrase du bon M. de Langlade : rassurez-vous, une maison de jeu ne sera jamais une séduction pour moi. »

Le pauvre homme rougit un peu, car l'austérité de ses principes fléchissait devant les charmes du 30 et 40. Je savais que son plus proche parent, M. Valdec de Lessart, le lui reprochait quelquefois. M. de Langlade poursuivit :

« M. de Saint-Simon avait trois filles ; l'aînée a épousé le baron de Rolle, porteur d'un des noms aristocratiques de la Suisse ; il vit à Berne, faisant dignement les honneurs d'une grande fortune. La seconde s'est mariée au marquis de Bordeaux, riche propriétaire de Normandie.

— Tout cela m'est indifférent, lui dis-je vivement en l'interrompant, parlons de madame de Sainte-Amaranthe.

— C'était la favorite de son père, les délices de sa vieillesse. Certes, avec toutes ses grâces, mademoiselle de Saint-Simon aurait trouvé d'aussi beaux partis que ses sœurs, mais elle les refusa par l'entraînement d'un premier amour pour M. de Sainte-Amaranthe, brillant lieutenant en garnison à Besançon. Il était d'une famille de finance, et avait déjà compromis sa part de succession par ses folles dépenses et son goût effréné pour le jeu. Il fallait tout l'ascendant de mademoiselle de Saint-Simon sur son père (qui, ne se piquant pas de la philosophie du XVIIIe siècle, avait d'abord refusé la mésalliance), pour qu'il ne mît pas obstacle à ce mariage ; mais avec quel triste pressentiment de l'avenir, il donna son consentement !... Les nouveaux époux partirent immédiatement pour Paris, où les dangereuses passions de M. de Sainte-Amaranthe et le luxe de sa femme creusèrent un abîme sous leurs pas. Le mari s'enfuit en Espagne ; il y végète encore, dit-on. Madame de Sainte-Amaranthe, épouse légère, sans doute, mais bonne et tendre mère, se trouvait, comme Cornélie, riche de ses deux enfants. Soutenue par sa famille, elle vécut d'abord retirée, mais des amis du grand monde, le prince de Conti en tête, la ramenèrent à ses anciennes habitudes de dissipation[1]. »

En ce moment, j'entrais dans le salon de mon tuteur, et bientôt après arrivèrent madame de Sainte-Amaranthe, sa fille, son fils, et quelques hommes remarquables par l'élégance et la distinction de leur tournure. Le cortége ne défilait pas encore. Les dames vinrent s'asseoir près de moi. Ah oui ! mon enthousiasme du beau s'électrisa en admirant Amélie de Sainte-Amaranthe. Elle avait à

[1] Le prince de Conti dont il est ici question, n'est pas le dernier de ce nom, mais l'homme aimable et distingué, presque philosophe, dont J.-J. Rousseau fait l'éloge.

peine seize ans, et jamais depuis je n'ai rencontré dans le cours de ma longue carrière un type si parfait. Malgré la rare perfection de l'ovale de sa figure, elle n'appartenait pas au style grec, mais plutôt à celui des beautés du siècle de Louis XIV. Ses formes étaient admirables dans de délicates proportions; sa taille moyenne, sa démarche, ses poses réunissaient à la fois une suavité charmante et une gracieuse dignité. L'extrême régularité de ses traits ne pouvait admettre une expression très-prononcée; cependant son sourire avait un attrait de finesse qui le rendait enchanteur, et lorsqu'il s'y joignait un certain mouvement de tête, il révélait une pensée plus significative que son langage même ne l'indiquait. Sa physionomie et son maintien étaient d'une noblesse extrême; jamais l'idéal d'une jeune princesse n'a été plus réalisé que dans la personne d'Amélie. Elle ne voulait pas accepter le costume grec qui commençait à remplacer les modes de l'ancien régime; si Amélie avait consenti à le parer de sa beauté, elle aurait rappelé les femmes chefs-d'œuvre du temps de Périclès; mais avec sa mise, du goût le plus exquis dans sa spécialité de la fin du XVIIIe siècle, on ne pouvait la comparer qu'à elle-même. Amélie parlait peu. Ses paroles, dictées par un sens droit, qu'une éducation bien frivole n'avait pu altérer, étaient bonnes à entendre, et donnaient une juste opinion de l'élévation de son cœur.

La mère n'avait aucune ressemblance avec sa fille, pourtant la grâce la plus séduisante animait sa démarche et ses gestes. J'ai toujours eu en déplaisance les habitudes de la coquetterie, et celle de madame de Sainte-Amaranthe était, je crois, innée; cependant, il y régnait une véritable distinction et un certain abandon qui pouvaient faire pardonner ce désir de plaire, et toujours plaire. Elle disait souvent en riant et non sans vérité: « Imagine-t-on qu'avec mon teint jaune, mes yeux verts, mes cheveux gris et mon nez de travers, on m'ait créé et l'on me conserve l'existence d'une jolie femme?... » Mais son sourire, sa tournure ravissante, un esprit fin et piquant, les manières les plus élégantes la faisaient triompher des plus belles. Ajoutons qu'une de ses plus grandes séductions était la mobilité de sa physionomie, toujours aux ordres d'un sentiment ou d'une impression souveraine. Quelquefois, elle n'avait que vingt-cinq ans le matin, et le soir quarante. D'ailleurs, elle ne vivait pas uniquement pour plaire, cette charmante femme; que de tendresse dans son âme! que d'amour pour ses enfants, d'affection dévouée pour ses amis, de compassion généreuse pour les malheureux! De si grandes qualités permettent-elles de rappeler des erreurs? Non, non, surtout à moi qui ai pu si bien apprécier ce qu'il y avait de bon, de vraiment louable dans la famille Sainte-Amaranthe. Si, comme historienne, je suis obligée d'indiquer quelques ombres, je laisserai toujours luire le rayon de soleil qui ne manquait jamais d'apparaître à côté. Parlons aussi de ce jeune adolescent à peine âgé de treize ans. Sa chevelure bouclée, ses grands yeux noirs, son maintien plus enfant que son âge, sa parole toujours naturelle, souvent naïve, lui donnaient un attrait particulier. Pauvre Lili ! comme il aimait sa mère, sa sœur ; comme il partageait déjà leur noble et douce passion pour la charité !

Ces dames étaient accompagnées de MM. Auccane, de Fagan, de Miromesnil, et Félix de Saint-Fargeau. Le premier, créole de Saint-Domingue, n'avait jamais cessé d'être l'ami le plus parfait de madame de Sainte-Amaranthe. Sa devise était probablement : *Quand même*. M. de Fagan, qui depuis a épousé mademoiselle de Lawœstine, sœur du gendre de madame de Genlis, semblait un véritable héros de roman. Sa tête blonde, sa figure charmante, mais si pâle, sa haute taille élancée, dont l'abandon était loin de nuire à l'élégance, sa conversation polie, gracieuse, et surtout ses rêveries au milieu du monde, complétaient, je le répète, un héros de roman. J'ai dit depuis qu'un clair de lune perpétuel siérait à M. de Fagan. Il sourit de bonne grâce à ce mot qui lui fut répété; et cependant il n'y avait pas d'affectation dans cet ensemble byronien. M. de Miromesnil, fils de l'ancien ministre, était grand, passablement laid; son esprit épigrammatique pouvait être parfois amusant, mais jamais agréable; il aspirait à la main d'Amélie. Félix de Saint-Fargeau, qu'on appelait alors l'Alcibiade parisien, avait la prétention de mériter ce surnom. « Il fera couper la queue à son chien, » disait madame de Sainte-Amaranthe; c'est ce qui lui sera le plus facile pour imiter son héros. Il existait bien en ce moment, entre le modèle et la copie, quelque autre point de ressemblance : très-joli homme, d'une recherche excessive dans sa tenue, faisant de la démocratie, mais infiniment légère, et de cette nuance qui l'exposait à être querellé par les aristocrates, et encore plus par les purs patriotes de cette époque. O le malheureux!

que ne conserva-t-il toujours cette insignifiance ! « Mesdames, nous dit M. de Langlade, voilà un mouvement sur le boulevard qui annonce l'approche du cortége. » Nous courons aux fenêtres ; c'était beau, c'était grandiose ! Mon cœur palpita en voyant l'image de Mirabeau attachée au char triomphal. Les souvenirs de la recluse de Bonsecours n'étaient pas étrangers à l'émotion de la jeune démocrate. M. de Miromesnil se permit à ce moment une réflexion aiguë qui me le rendit antipathique. Mes compagnes sourirent, mais ne répondirent point.

Mademoiselle de Sainte-Amaranthe, peu communicative, ne m'avait point encore parlé. Son beau et calme regard, remarquant l'admiration des miens quand ils étaient fixés sur elle, y répondait par une expression bienveillante, qui devint bientôt sympathique. Quant à madame de Sainte-Amaranthe, qui avait alors trente-neuf ans, le bon goût de sa coquetterie ne lui faisait pas considérer comme rivale une femme qui aurait pu être sa fille. Sans se livrer à une familiarité trop empressée, elle sembla céder à un aimable entraînement, me déclarant après trois heures de connaissance qu'elle m'enlèverait de vive force pour le reste de la journée, si je refusais de l'accompagner volontairement. « O maman ! s'écria Lili, je serai ton complice dans l'enlèvement de madame. » Au grand regret de M. de Langlade, j'acceptai, et depuis cette rencontre avec la famille Sainte-Amaranthe, à l'exception de quelques mois passés en Bretagne, nous ne fûmes pas un jour sans nous voir jusqu'au fatal 1er avril 1794.

Mais jetons un voile sur cette date funeste, et parlons seulement de ces heures charmantes où s'établirent entre nous des relations de confiance et d'intimité. J'en demande pardon à la bien-aimée lectrice pour qui j'écris uniquement ces pages, mais, encore quelques lignes sur le 11 juillet qui, après soixante ans, impressionne toujours mon imagination et mon cœur.

Le déjeuner de M. de Langlade n'admettait pas la faculté de dîner. Madame de Sainte-Amaranthe offrit du thé et des glaces dans son appartement de la rue Vivienne; c'était là que chaque jour elle rassemblait dix à douze personnes à sa table, dont l'exquise délicatesse était citée.

Parmi les habitués, je me rappelle M. de Monville qui réunissait jadis les prestiges de la beauté, d'une grande fortune et d'un rare talent de musicien. Il avait créé la délicieuse habitation du désert dans la forêt de Marly, et y donnait des fêtes ravissantes. Dans la jeunesse de M. de Monville, le monde n'était pas touriste comme il l'est devenu depuis : les grands seigneurs et quelques riches financiers parcouraient seuls les capitales de l'Europe. M. de Monville n'y manqua pas. Présenté à Berlin à Frédéric II, il figura dans plusieurs concerts à Sans-Souci. Le grand roi l'ayant entendu exécuter de charmantes et difficiles variations sur la flûte, s'écria : « C'est un Apollon que ce jeune Français!...» Les jours de fêtes étaient passés en 91 ; jeunesse, agréments personnels, fortune, n'existaient plus; la flûte était brisée, et le désert vendu ; mais il restait un homme aimable, du meilleur ton, parlant agréablement sur toutes choses, même sur la gastronomie, où il aurait été le digne rival de Brillat-Savarin.

Je vais encore citer un homme d'un esprit rare, que je rencontrai, dès cette première soirée, dans le cercle intime de la rue Vivienne, et que je n'ai pas cessé d'y voir jusqu'à son émigration. C'était l'abbé de Lajard de Cherval, frère du ministre de Louis XVI. Jeune encore, d'un extérieur fort remarquable, il n'affectait ni la frivolité, ni la galanterie d'un grand nombre de messieurs les abbés d'avant la révolution. Il n'affichait pas non plus la réserve monacale de beaucoup de ses confrères. Il parlait à merveille; c'était un brillant causeur. M. de Monville avait aussi, non sans titre, cette prétention, mais l'abbé de Lajard le surpassa t dans les récits sérieux. Je l'ai retrouvé quand il rentra en France au commencement de l'empire, et le souvenir du nom de Sainte-Amaranthe fut toujours un touchant point de ralliement entre nous. Je n'étais pas la seule devant laquelle il proclamait l'intérêt pur et profond qu'il avait voué à la mère et à la fille. Il en parlait souvent à son amie intime, madame la duchesse d'Abrantès. Dans une de ses dernières publications, elle promettait le salon de madame Sainte-Amaranthe. Ses renseignements venaient surtout de M. Lajard de Cherval; aussi la bienveillance aurait sans doute dicté ses jugements, ce qui n'arrivait pas toujours à la spirituelle duchesse.

Pendant le thé, survint une visite qui se prolongea peu; mais il était clair, à la manière dont fut accueilli le vicomte de Pons, qu'il possédait l'affection de la maîtresse de la maison. Il est impossible de nommer le vicomte de Pons sans le mentionner davantage, ce qui me force à sortir du présent pour me rejeter dans le passé. M. de Pons fut le premier qui fit agréer ses hommages à madame de Sainte-Amaranthe. Répétons, comme excuse, que les torts du mari avaient précédé cette époque. Le vicomte de Pons offrait un modèle d'élégance accomplie. On le citait comme un très-bel homme ; cependant sa taille était peu au-dessus de la moyenne, mais ses traits parfaits, et leur expression si digne et si élevée le faisaient remarquer, même parmi les plus remarquables. Il y avait du chevaleresque dans son cœur, dans son esprit ; toutefois, il était plus fidèle à son roi qu'à sa belle. La jeune et charmante madame de Sainte-Amaranthe ne sut pas le fixer, et ce prodige était réservé à madame de C***, qui enchaîna l'inconstant jusqu'à sa mort si lugubre et si tragique. Hélas ! que de terribles rapprochements nous aurons à faire! comme le cœur et l'esprit se brisent dans le mélange prolongé de frivolité et de catastrophes qui signalèrent tant d'existences ! Mais restons à l'époque où, si l'orage gronde dans le lointain, la terre est encore couverte de fleurs. Ajoutons que M. de Pons quittait souvent madame de C*** pour donner un souvenir à madame de Sainte-Amaranthe. Le berceau d'Amélie avait pour lui un intérêt que les années n'affaibliront jamais; c'était le lien indestructible qui existait entre M. de Pons et la mère d'Amélie. La jeune fille, n'étant pas initiée au mystère de sa naissance, rendait une sorte de culte à un agréable portrait de M. de Sainte-Amaranthe, ce qui fit plus d'une fois sourire, en détournant la tête, la femme de l'époux absent.

Ces dames allaient tous les soirs au spectacle. Mais le 11 juillet, on resta dans le salon si agréablement animé de la rue Vivienne.

« A demain, n'est-ce pas ? me dit madame de Sainte-Amaranthe lorsque je pris congé d'elle ; vous êtes encore dame de Sainte-Élizabeth, et je sais que la princesse de Nassau occupe le grand appartement ; vous ne pouvez donc avoir qu'une véritable cellule où il est impossible de tenir maison. Je vous en prie instamment, rappelez-vous que votre couvert est mis à ma table; vous ferez nombre avec mes vieux amis, et bientôt vous nous qualifierez ainsi, moi et mes enfants : » Amélie sembla sanctionner par un sourire les paroles de sa mère ; Lili s'écria en se frottant les mains : « Oh ! que je serai heureux d'être un des vieux amis de madame. » L'enthousiasme de Lili pour moi était venu de quelques paroles qui manifestaient fort clairement mes opinions. Lili avait des velléités démocratiques, ce qui n'était pas l'air de la maison. Amélie prétendait que c'était uniquement pour faire enrager sa tante la marquise de Bordeaux. Pauvre enfant ! son caractère si doux, si peu énergique, n'avait de force que dans sa tendresse pour sa mère, pour sa sœur, et son affection si réelle et si méritée pour son tuteur, M. Auccane. Il aurait craint de lui déplaire en manifestant des idées politiques trop opposées aux leurs. Son grand acte révolutionnaire s'était borné à quitter la poudre et à faire couper ses cheveux. Madame de Bordeaux cria au scandale, M. Auccane leva les épaules en fronçant légèrement les sourcils ; Amélie en fit un objet de moquerie, elle qui s'obstinait à dénaturer ses admirables cheveux châtains. Pour madame de Sainte-Amaranthe, elle trouva son fils si beau avec sa magnifique chevelure noire bouclée, que tout en disant : « Je n'approuve pas votre rébellion, » elle caressait complaisamment de sa petite main la tête charmante de Lili.

« A demain ! » me répéta de nouveau madame Sainte-Amaranthe. Je lui exprimai mon regret d'être engagée chez madame de Nassau.

« Je veux vous voir absolument, repritelle ; quittez votre princesse de bonne heure, et venez entendre un acte de *Nephté* avec nous ; ma loge est exécrable de hauteur, mais le salon qui y tient me fait de l'Opéra un véritable chez-moi, ce qui a bien son prix. M. de Morainville, ajouta-t-elle, vous qui allez chez madame de Nassau, n'y manquez pas demain, afin de remplir la mission dont je vais vous charger. Quand madame de B... en sortira, vous lui donnerez la main jusqu'à sa voiture, que la vôtre suivra, et vous lui servirez de guide jusqu'à ma loge. Je vous y offre une place, M. de Langlade, dit-elle en se tournant vers lui. » Il répondit par une simple salutation. M. de Morainville accepta avec une expansion tout aimable. Ancien officier aux gardes françaises, c'était ce qu'on appellerait aujourd'hui un viveur ; mais les viveurs du XVIIIe siècle étaient moins échevelés que ceux du XIXe. Il offrait d'ailleurs un modèle d'excellent ton. Son teint était fleuri, sa physionomie toujours riante et un embonpoint un peu trop marqué peut-être ne nuisait pas à la distinction de l'ensemble. Je m'engageai pour le second acte de *Nephté*, et je sortis d'un pas léger.

« Cela peut se nommer une journée mondaine, me dit M. de Langlade. L'intimité marche à grands pas, ajouta-t-il d'un ton grave, et même triste. Ordinairement, madame de Sainte-Amaranthe ne fait pas tant de frais d'amabilité pour les jeunes femmes, et je vous vois très-incessamment arriver avec elle à son établissement du Palais-Royal.

— Oh non! m'écriai-je vivement, ne le redoutez pas; mais le salon que nous venons de quitter me paraît charmant, du meilleur ton, et j'y reviendrai avec plaisir.

— Vous avez eu infiniment de succès, continua-t-il; je vous ai entendue parler souvent du malaise que vous ressentiez en présence de nouvelles connaissances; on ne s'en serait pas douté aujourd'hui, où vos épreuves ont été fort multipliées. » Des réflexions raisonnables, sans doute, continuèrent; je n'écoutais guère. J'avais toujours devant les yeux l'extrême beauté d'Amélie, la grâce qui caractérisait la personne et l'esprit de sa mère. J'en rêvai toute la nuit. Le lendemain, les arrangements d'opéra eurent lieu, comme il avait été convenu. La bonne princesse de Nassau se plaignit de me voir partir si tôt. L'excellente femme était une véritable représentation de la fée Carabosse, son âme à part, car elle ne savait qu'aimer et bénir. J'arrivai à l'Opéra dans l'entr'acte. Le salon se trouvait si encombré de visiteurs, qu'il y en avait bon nombre à l'entrée de la porte et dans le corridor. M. de Fagan assis sur le canapé près de madame Sainte-Amaranthe, me céda la place. Après l'opéra, je retournai à Sainte-Élisabeth, sans la moindre velléité d'accompagner ces dames au Palais-Royal, dont l'idée seule me froissait; mais je les voyais chaque jour au spectacle ou rue Vivienne. Nulle autre relation ne l'emportait sur le charme que j'éprouvais dans cette société. Un jour, on parla d'une aventure arrivée récemment à une très-belle dame. M. de Monville était le conteur, et toujours dans son langage de si bonne compagnie.

« Ah! quelle vieille histoire vous nous dites, reprit madame de Sainte-Amaranthe; voici trois jours qu'elle a retenti dans mon autre petit salon, là-bas, ajouta-t-elle en souriant et me regardant : un petit salon intime comme vous les aimez. »

Il y avait près d'un mois que je voyais ces dames, et mon antipathie pour le Palais-Royal devait les blesser. Ensuite, un peu de curiosité s'y joignant, le Palais-Royal devenait une sorte de fruit défendu auquel je me déterminai de goûter.

« Je serais bien aise, dis-je à madame de Sainte-Amaranthe, de connaître tous vos petits salons intimes.

— Croyez bien, me répondit-elle assez gravement, que dans le plus vaste, le plus nombreux, il règne une convenance qui m'empêche de souffrir en y paraissant avec ma fille. » Le même soir, je connus le fameux *n*° 50. Après avoir passé une demi-heure dans ce petit salon, je voulais m'en aller, mais c'était le moment du souper et M. Auccane me présenta la main en me disant :

« De grâce, consacrez votre soirée entière à madame de Sainte-Amaranthe ; nous ne sommes pas si diables que nous sommes noirs. » Je n'étais pas bégueule, je restai et je fus au nombre des convives. Trente personnes au moins avaient pris place autour d'une table dont je remarquai la somptuosité, quoique depuis mon enfance je fusse habituée au luxe de la haute finance et des personnes d'un rang élevé. Un maître d'hôtel du meilleur style, et beaucoup de valets, faisaient le service. On était plus cérémonieux à la table du n° 50, qu'aux aimables dîners de la rue Vivienne. Le souper terminé, au lieu de sortir par la porte que je connaissais, mon bras passé sous celui de M. Auccane lui indique l'intention de suivre madame de Sainte-Amaranthe. J'entrai donc dans la grande salle, qui, comme en convenait M. de Langlade, rappelait le jeu royal de Versailles. Un immense tapis vert, le nombre des personnes qui l'entouraient, l'éclat des lumières, ce silence, troublé seulement par les paroles sacramentelles, tout cela me produisit un sentiment d'embarras et de déplaisance. La nouveauté ne fut pas même un charme pour moi, et je disparus bien vite le cœur serré. Il faut l'avouer, jusqu'à ce jour je n'avais vu mes nouveaux amis que dans un cadre d'or et de perles. Les splendeurs du n° 50 eurent un effet bien dissemblable. M. de Langlade, qui vint me voir lendemain, s'en aperçut avec joie, mais à force de vouloir en augmenter l'impression, il l'affaiblit peut-être.

Le reste de ma journée se passa d'une manière glaciale chez madame de Nassau, dont les opinions toujours bonnes et modérées n'adoucissaient pas l'âcreté de celles de ses habitués. Je me rappelle surtout une marquise de C*** et M. de R***, député à l'Assemblée constituante; quelle aigreur, quelle violence dans les discours de ces deux personnages, et que de platitude dans les imbéciles qui chantaient sur le même ton! Pour avoir le courage de retourner chez madame de Nassau, il fallait être aussi touchée que je l'étais de l'extrême prédilection qu'elle me témoignait, ainsi que sa très-jeune fille, Henriette de Soyecourt[1]. Certes, chez madame de Sainte-Amaranthe, l'air était fort aristocratique, mais la courtoisie, ou la frivolité, même précieuse en pareille occurrence, ôtaient toute amertume aux discussions. Madame de Bordeaux, qui daignait venir souvent chez sa sœur, quand elle quittait sa verte Normandie et sa terre du *Buisson de Mai*, aurait été fort capable parfois de figurer dans le cercle de la princesse de Nassau ; mais madame de Sainte-Amaranthe avec l'autorité d'un gracieux esprit, et quelque gaîté épigrammatique, lui enlevait la parole, y substituant un ordre du jour applaudi de tous.

Dans la matinée du surlendemain, on m'annonça madame de Sainte-Amaranthe.

[1] Le père d'Henriette était le marquis de Soyecourt. Lorsqu'il se sépara de sa femme, celle-ci reprit son titre et son nom de princesse de Nassau. Cette charmante Henriette, à peine dans l'adolescence, épousa le comte de Saint-Aulaire, noble et libéral, cœur des meilleurs temps. Elle mourut jeune, ne laissant qu'une fille mariée depuis au duc Decazes.

« Je viens vous prouver que je suis fort exigeante, dit-elle en entrant et me donnant un baiser sur le front ; oui, fort exigeante pour les personnes que j'aime. Comment ! voilà le troisième jour sans entendre parler de vous ? cela a paru long à moi et à mes enfants. Je crois à un premier élan sympathique en amitié comme en amour, et j'espérais qu'il avait été ressenti par vous. » Cet affectueux bonjour n'était pas terminé que nous étions assises sur mon petit canapé, nos deux mains unies. Touchée du langage de madame de Sainte-Amaranthe, je l'assurai que loin d'elle, sa pensée m'avait plus dominée que la présence d'anciennes relations.

« Oh ! je vous crois, car la pénétration que l'on veut bien m'accorder a été frappée de la sincérité de votre caractère. Combien cette observation m'a rendu précieuse votre admiration pour Amélie !

— Elle est bien réelle, repris-je. Mon père, homme de cœur et d'esprit, m'a dit plus d'une fois : On te reproche trop d'exaltation, chère enfant; là, peut-être, se rencontre l'excès de l'enthousiasme, mais aussi, le sentiment du beau et du bon, riche compensation des tristes et mesquines réalités de la vie!

— Vous avez profité à l'aimable école de votre père, dit madame de Sainte-Amaranthe, et quel prix j'ajoute à votre opinion sur ma fille! Vous la jugez, n'est-ce pas, aussi bonne que belle? s'écria-t-elle avec un mouvement passionné, de tendresse maternelle; oui, son âme est pure comme l'expression céleste de ses traits. Oh! quel déchirement pour moi, lorsque j'appris que la calomnie s'en emparait! » En prononçant ces mots, elle leva ses mains et les serra l'une contre l'autre.

« J'ai fait personnellement une large part à la malveillance, continua-t-elle ; des erreurs, la force d'événements auxquels je n'ai pas su résister, me font courber la tête sous son poids, d'une lourdeur exagérée peut-être, mais j'ai droit de la relever avec indignation lorsqu'on s'attaque à mon innocente Amélie ! »

Dans ce moment, deux larmes roulèrent sur les joues de la pauvre mère, qui voyait avec quel intérêt je l'écoutais.

« On m'a assimilée aux plus odieuses mères de coulisses ; on nommait le millionnaire, on précisait la somme de l'infâme marché ! Désespérée, je partis pour l'Angleterre avec mes enfants et mon ami Auccane. C'était la saison verdoyante de Londres, le grand monde ne l'avait pas encore quitté. Dans ce pays, où la beauté semble un don national, celle d'Amélie n'en produisit pas moins un effet prodigieux. Mais les hommages qu'elle recevait étaient dignes d'elle, et je pouvais en être fière. Comme je vous parle longuement de nous ! faites-moi taire.

— Non, non, je vous écoute avec un cœur de famille.

— A la tête des adorateurs d'Amélie, je placerai le vaillant colonel Tarleton, qui défendit avec tant d'éclat la nation anglaise, lors de la guerre d'Amérique. Malgré votre passion pour les États-Unis, ajouta en souriant madame de Sainte-Amaranthe, promettez-moi de ne pas vous enfuir quand vous verrez chez moi un des plus redoutables adversaires de Washington. A sa troisième rencontre avec Amélie, il me demanda sa main. Il possédait bien des titres pour obtenir l'assentiment des parents les plus difficiles : fortune, renommée, extérieur remarquable ; mais Amélie avait à peine seize ans, et un exil lui était douloureux. Le refus fait au colonel s'adoucit de nos témoignages d'estime, et nos relations amicales n'ont jamais cessé.

« Il y a dans ce noble caractère certaine dose d'excentricité britannique, dont je vais vous rapporter un incident assez original. Le colonel était notre plus fidèle cicérone. Il nous accompagna dans notre excursion à la Ménagegerie, la plus terriblement belle de toute l'Europe. Le roi de ces épouvantements, passez-moi cette phrase shakespearienne, était un lion dont le souvenir me fait encore frissonner de terreur. Je reculais, lorsque je vis ma douce Amélie s'avancer en exprimant une vive admiration.

« Madame, s'écria avec transport M. Tarleton, me permettez-vous de le lui offrir? » Je partis d'un éclat de rire, mais le colonel reçut un doux sourire de la jeune fille, qui avait compris en cet instant que l'impossible ne pourrait exister pour elle, avec le beau et amoureux Anglais. A notre départ, il nous accompagna jusqu'à Douvres, son service militaire ne lui permettant pas d'aller plus loin. Au moment de nous quitter, une vive émotion parut sur son noble visage; il baisa la main d'Amélie, la pressa sur son cœur, et se tournant vers moi, il me dit :

« Puisse-t-elle trouver dans sa patrie les longs jours de bonheur qu'il m'aurait été précieux de lui offrir ici !...

— De longs jours de bonheur! répéta en soupirant madame de Sainte-Amaranthe, partout, ils sont rares !...

— Madame, lui demandai-je, le souvenir de cette flatteuse impression du lion terrible se retrace-t-il souvent à la pensée d'Amélie?

— Elle en a parlé plus d'une fois; mais naturellement grave, calme, un éclair romanesque ne luit pas longtemps à ses yeux. Et pourtant, elle aime sa famille avec une si profonde tendresse, qu'il est impossible qu'un pareil cœur ne ressente un jour profondément un sentiment moins paisible; ensuite, elle est si jeune, tout au plus seize ans! Tenez, ma jeune amie, permettez que je vous donne encore un témoignage de confiance. Parmi les personnes qui suivent constamment Amélie, ou qui entourent son fauteuil, avez-vous remarqué M. de Tilly?

— Je ne l'ai jamais vu dans vos cercles de prédilection, répondis-je, mais lorsque je suis allée dans l'autre salon, oh! oui, les grands yeux noirs de M. de Tilly étaient sans cesse tournés vers Amélie; et cependant ses regards et les flots de sa parole ne recevaient aucun signe d'encouragement.

— Mes amis l'ont observé comme vous, dit avec un sourire de bonheur madame de Sainte-Amaranthe. M. de Tilly me fut présenté au Palais-Royal ; je n'avais pas le droit de refuser, ne le voyant pas s'écarter des convenances que j'y exige, peut-être plus rigoureusement que je ne le faisais dans le salon de mon père. Il m'en a beaucoup voulu de ne lui avoir pas accordé (pour me servir de son expression) les petites comme les grandes entrées. Il attachait infiniment de prix aux premières, mais je n'y admets que mes préférés, et, certes, M. de Tilly ne l'a jamais été. Je ne suis point éblouie de sa brillante figure ; son esprit, que l'on assure fort intéressant, ne m'amuse pas le moins du monde ; ses manières avec Amélie ne me donnent pas précisément le droit de lui fermer ma porte, et cependant, je trouve au moins ridicule les effusions de la tendresse qu'il affiche pour elle, et dont il entretient la foule de ses amis. On dirait qu'il s'en fait honneur et maintien. Cela me rappelle le rôle mille fois plus inconsidéré encore qu'il jouait quelques années avant la révolution, quand il affectait le ton sentimental, beaucoup trop conquérant en parlant de la reine : ses nombreuses et fausses confidences voulaient faire supposer d'augustes bontés pour le beau page. Oh ! quel *cherubino di amore* que M. de Tilly ! D'ailleurs, serait-il capable d'éprouver de nobles et délicates passions, cet homme qui consume sa jeunesse dans de déplorables liaisons avec mesdemoiselles Adeline et Rosalie ? vous savez, le petit Antonio de *Richard Cœur de Lion* ? Cette dernière est la régnante, et ses crâneries de jalousie sont vraiment divertissantes. Elle est heureusement bien certaine qu'Amélie ne répond pas aux soupirs de M. de Tilly ; autrement ma pauvre enfant, sur un simple soupçon, pourrait être victime de ses désespoirs, à la fois risibles et redoutables, car le gentil Antonio, aux blonds cheveux, à la mine si douce, devient, dit-on, dans ses accès, la tigresse rugissante du désert. Le dénoûment de semblables orages est d'ailleurs assez gai. Rosalie rend deux infidélités pour une, afin, dit-elle, d'avoir la satisfaction de les avouer à l'amant en chef, dont c'est alors le tour de s'emporter. Il reste cependant plus enchaîné que jamais dans cette pure et digne liaison. Dernièrement, il annonçait positivement la volonté d'émigrer, mais avant de se rendre au champ d'honneur, il fait une station à la petite maison de Rosalie. »

Madame de Sainte-Amaranthe après m'avoir remerciée de l'intérêt que j'avais apporté à son long récit, auquel, dit-elle, elle ne se serait peut-être pas livrée ainsi avec de plus anciennes relations, ajouta avec un sourire charmant :

« Mais les promptes sympathies valent bien l'autorité du temps. Vous allez faire votre toilette, je veux vous emmener avec moi ; j'en serai toute triomphante, car M. Auccane me disait hier : « Vous et votre fille inspirez un penchant marqué à madame de B..., mais le n° 50 rompra le charme. » Il le regrettait, mon excellent Auccane, et puisque je viens de nommer le meilleur de mes amis, je vous demande encore quelques instants de causerie à son intention. Convenez, que malgré votre bienveillance, vous le voyez avant toute chose, comme le fondateur de cet épouvantable n° 50?

— Oh! repris-je vivement, croyez que je le vois aussi, comme l'être le meilleur, le plus dévoué à vous et aux vôtres.

— Vous avez une parfaite pénétration du cœur, reprit madame de Sainte-Amaranthe d'une voix attendrie; oui, M. Auccane ne reconnaît d'autres intérêts que les miens et ceux de mes enfants. Lorsque je le rencontrai dans le monde pour la première fois, il y faisait sensation par les agréments de sa personne, et son luxe, mieux entendu que celui de ses compatriotes des Antilles. Les revenus si considérables de ses propriétés aux Iles étaient presque doublés par sa passion du jeu longtemps heureuse. Ce bonheur facilitait des dépenses énormes, auxquelles contribuaient une obligeance extrême pour ses amis, et une bienfaisance qui ne lui laissa jamais échapper l'occasion de secourir un malheureux. On rendit toujours justice à sa loyauté qui accompagnait des succès inouïs, et on le nommait souvent le *Bayard* des tapis verts. Ce titre chevaleresque étonnait peut-être un peu dans son application, mais il fut toujours mérité, même lorsque l'inconstante fortune abandonna M. Auccane avant le bouleversement des colonies. Ses propriétés étaient déjà presque englouties lorsque, faisant taire cette noble fierté, et cette moralité sévère qui l'avaient guidé jusque-là, il centralisa ses fonds, et les plaça dans un établissement de jeu nommé *les Arcades*, qui était tenu avec tant de probité que le plus grand jour pouvait y pénétrer. A la tête de cette maison était le comte de Changrand[1].

[1] M. le comte de Changrand était le père de madame de Bawr, auteur de *la Suite d'un bal masqué*, et de quelques romans justement estimés. Pendant la

D'importants capitalistes ayant remarqué l'intelligence de M. Auccane, sa grande expérience (qui lui avait coûté si cher) et la distinction parfaite de ses manières, lui proposèrent la direction entière d'une maison qui surpasserait les Arcades par la richesse de sa banque, sa magnificence, et la scrupuleuse exigence dans les admissions. Je fis hésiter M. Auccane pendant deux jours. Les offres en devinrent plus colossales encore, puis il vint me dire avec une gravité non exempte de tristesse : « Comme tuteur et parrain de votre fils, que j'aime si profondément, je ne veux pas qu'il connaisse par la suite les soucis d'une existence précaire, ou les ennuis d'une fortune restreinte. J'accepte donc la mine d'or qui m'est offerte. » Ainsi fut fondé le n° 50. Malgré mon peu de sympathie pour les jeux de hasard,

révolution, madame de Bawr épousa, en prison, M. de Rohan, qui fut guillotiné; en secondes noces, le marquis de Saint-Simon, père et fondateur de la secte saint-simonienne, puis M. de Bawr.

j'eus cependant la curiosité de connaître ce nouvel établissement. Je fus surprise de sa grande tenue, et l'exprimant à un des principaux bailleurs de fonds, il me répondit avec une certaine importance : « Delaborde, l'ancien banquier des jeux de la cour, est venu hier, et il m'a dit que ce salon lui rappelait le salon de jeu à Versailles. » Le lendemain de mon apparition, je fus fort étonnée de recevoir une députation des actionnaires. M. Auccane avait refusé de s'y joindre, souscrivant d'avance à toutes les propositions qui devaient m'être faites. Elles étaient d'un avantage fabuleux si je consentais à paraître tous les soirs au n° 50, pour y faire les honneurs du salon et du souper.

Vous devez penser qu'un froid glacial parcourut les veines de la fille du baron de Saint-Simon ; mais madame de Sainte-Amaranthe dut accepter en songeant qu'elle pouvait en peu d'années assurer une fortune réelle, une position indépendante à ses enfants.

Jusque-là, la vertu de l'ordre m'avait été peu familière. Depuis que j'ai beaucoup d'argent, j'ai su la pratiquer. Déjà j'ai placé des fonds en Angleterre, et jespère pouvoir d'ici à peu réaliser le projet de deux acquisitions, une habitation des champs, et une maison de ville qui sera, je vous en réponds, bien éloignée du Palais-Royal. Vous comprenez que la pensée dominante est un mariage pour Amélie. Plusieurs fois on m'a demandé sa main; vous connaissez les plus persévérants des solliciteurs? Ils sont nés avec d'assez beaux noms, j'espère, et qu'ils ne portent pas mal; mais je rêve mieux pour ma fille; ma fille! dont l'âme est encore plus parfaite que la personne. Un Tarleton français comblerait mon ambition maternelle. Mais il est tard, vous avez fini votre toilette, partons vite. »

Lorsque nous arrivâmes, Amélie se leva avec empressement, vint nous embrasser, et s'écria :

« Ah! vous voilà enfin ; un jour encore, et Lili allait mettre le feu à Sainte-Élisabeth, assuraut que vous étiez victime des rigueurs du cloître. »

Pendant le dîner, M. de Morainville, parfaitement informé des nouvelles du jour, dit tout à coup :

« Tilly est décidément parti pour Coblentz et projette une émigration plus lointaine si les princes ne franchissent pas incessamment la frontière. »

J'étais en face d'Amélie, je la regardai ; sa délicieuse carnation ne prit pas une teinte de plus. Bien certainement, M. de Tilly, émigré, n'était pour elle qu'un adorateur de moins, et la foule en était trop nombreuse pour que son imagination s'en troublât.

« Et que vont devenir les veuves de Tilly ? » demanda M. de Monville en savourant une tranche d'ananas.

— Ses veuves ? répondit en riant M. de Morainville, peut-être mademoiselle Adeline pensera-t-elle à lui, en chantant : *Il danse fort bien, M. de La France,* puis elle redoublera les séductions dont vous connaissez la mesure en continuant : *Mais mon André, mon bon André, tu danses bien mieux à mon gré*[1]. Pour Rosalie, oh! elle prend au sérieux son désespoir en l'honneur du fugitif. Elle a d'abord laissé épars, sans les soigner, ses admirables cheveux ; cependant, on dit qu'hier soir, ils ont été tressés par le bel Amédée de K..., qui sort des pages du duc d'Orléans.

— M. de Morainville, interrompit madame de Sainte-Amaranthe, vous êtes par trop classique dans l'histoire des coulisses, et je lève la séance. »

On sortit de table, et le soir nous fûmes au théâtre Montansier. Amélie s'y amusa franchement ; encore une fois, sa pensée ne franchissait pas la frontière.

Peu de jours après, je vins remplir la pro-

[1] Refrain si connu des couplets de Grétry dans *l'Épreuve villageoise*. Adeline les disait avec un accent et une expression qui lui ont valu 40,000 fr. de rentes des amateurs du temps. Certes, c'était bien la contre-partie du prix Montyon.

messe que j'avais faite à madame de Sainte-Amaranthe d'une visite matinale. Elle les recevait dans son élégant cabinet de toilette. J'allais y entrer, quand M. de Fagan en sortait. Sa gracieuse indolence, cachet habituel de ses traits et de sa tournure, me sembla cette fois un peu altérée. Je crus y démêler une légère contrainte, et quelque assombrissement. Pendant qu'il me saluait, on m'avait annoncée. Madame de Sainte-Amaranthe ne l'entendit pas dans la préoccupation qui lui faisait tenir sa tête dans ses deux mains. Je touchai légèrement son épaule; elle s'aperçut alors seulement de ma présence. Son bonjour fut prononcé d'une voix émue, et elle essuya précipitamment une larme tombée sur sa joue; un nuage orageux venait de passer sur l'atmosphère parfumée du cabinet de toilette. La physionomie de M. de Fagan [1] me l'avait fait

[1] M. de Fagan était devenu éperdument amoureux d'une délicieuse actrice de la Montansier, nommée Sara, depuis madame Mangozzi.

pressentir. Le dépit, le chagrin se peignaient vivement sur la figure de madame de Sainte-Amaranthe. Son sourire toujours si fin, si charmant, comme il devenait navrant, lorsqu'elle se croyait obligée de dissimuler le trouble de son cœur!... Mademoiselle Cresnée, la femme de chambre, vint commencer ses fonctions. En même temps, entrèrent plusieurs des intimes, dont faisait partie Félix de Saint-Fargeau. Déjà, madame de Sainte-Amaranthe plus maîtresse d'elle-même, reprenait une apparence de sérénité, mais Félix ne s'y trompa pas, et le regard de ses grands yeux bleus exprima aussitôt un sentiment tout autre que celui de la compassion. C'est un homme charmant, disait-on dans le monde en parlant de M. de Saint-Fargeau; et pourtant, dans ces jours si heureux d'une douce frivolité, à laquelle Félix paraissait entièrement consacré, il surgissait déjà en lui des éclairs de profonde méchanceté. Elle était tempérée sans doute par l'élégance suprême de ses manières, et par les élans d'un patriotisme très-pur. Il les puisait surtout dans la société de M. de Lafayette, dont il se sépara néanmoins en 92, ne le trouvant plus, disait-il, assez modéré. Mais, laissons-le en ce moment, et restons encore dans le cabinet de toilette, où, par l'habile tactique de mademoiselle Cresnée, personne n'était incommodé des avalanches de poudre blonde que sa houppe lançait sur la tête de sa maîtresse. Cependant, le prince de Ligne, jeune, joli homme, extrêmement gai, et surtout fort spirituel, affectait de souffrir des ravages de la poudre. Il toussait, fermait les yeux, et exprimait à haute voix l'espérance que la démocratie amènerait généralement la mode naturelle et charmante, dont il citait pour exemple ma brune chevelure.

« Vous êtes des jacobins, interrompit madame de Sainte-Amaranthe ; mais j'aperçois un renfort de têtes poudrées qui m'arrive, ce dont je suis fort aise, car, il faut en convenir, madame de B..., M. de Ligne et Félix sont d'un très-mauvais exemple. Dans ce moment entraient effectivement MM. Auccane, Dazincourt et Fleury. Ces deux acteurs si éminents de la Comédie-Française, auraient été, par leurs manières et leur caractère, remarqués dans tous les rangs de la société. Dazincourt, cependant, on ne peut le dissimuler, était un des familiers du n° 50. Souvent invité au cercle des privilégiés, il acceptait rarement, ayant un intérieur aimable, affectionné et bien tenu. Son goût pour le jeu, trop prononcé sans doute, n'eut jamais de nuance à la Beverley, il perdait de bonne grâce, et aurait reculé devant la chance d'une catastrophe. La veille, il avait sollicité l'admission de son camarade Fleury, surtout aux heures des élus, et madame de Sainte-Amaranthe lui avait indiqué le moment de sa toilette. Dazincourt plaisantait très-volontiers sur son emploi de valet et dans cette occasion, il ne manqua pas de faire valoir l'insigne honneur, pour un frontin, de présenter le colonel du *cercle*, et autres marquis non moins célèbres. Dazincourt possédait bien plus que

Fleury ce qu'on appelle du trait dans l'esprit. Ce dernier avait le ton le plus parfait à la ville comme au théâtre, mais, au sortir de la scène, rien ne rappelait ses rôles à grand succès. Toutefois, il avait dans le monde, et surtout dans les comités intimes, des inflexions de voix naturelle, qui donnaient un vif attrait à des mots assez insignifiants au fond. Les traits de Fleury étaient peu réguliers ; ses épais sourcils noirs, une tournure, non pas commune, mais vraiment bourgeoise hors des coulisses, ne l'empêchaient pas d'être considéré comme un homme des plus distingués. Ajoutez à cela un sens exquis, la conduite la plus honorable, une véritable sensibilité, et on ne sera pas étonné qu'il fût aimé et recherché par tous. Madame de Sainte-Amaranthe l'engagea à dîner pour le lendemain ; Fleury accepta avec une bonne grâce très-empressée.

« Songez bien que c'est une réunion de famille et d'anciens amis, » ajouta-t-elle avec une expression bien différente de cet abattement qui la dominait une heure auparavant. Comme je faisais cette remarque, Madame de Sainte-Amaranthe, avec une adresse charmante, posait une mouche, précisément à la même place où je l'avais vue essuyer une larme furtive. Cette observation augmenta mon antipathie pour les mouches, et jamais elles ne me parurent plus mal seyantes qu'en cette occasion.

Déjà, bien des phases différentes s'étaient succédé dans ma jeune existence. Naturellement exaltée, mes opinions, et les influences dont j'avais été entourée depuis mon enfance devaient m'éloigner singulièrement du règne de Louis XV. Je trouvai une esquisse de cette époque dans la scène un peu Pompadour qui venait de se retracer à mes yeux ; aussi, étais-je presque tentée d'en vouloir à madame de Sainte-Amaranthe, lorsqu'elle dit, me voyant prête à partir : « N'est-ce pas, vous allez voir ma fille ? » oh ! comme sa voix toujours agréable semblait plus mélodieuse encore, quand elle prononçait ces mots : *ma fille !* La grande coquette disparut à mes yeux, je ne vis plus que la tendre mère toute orgueilleuse des perfections de ses enfants. On pouvait alors s'écrier : Heureuse mère! hélas! depuis, pauvre mère !... Elle m'offrit une place dans sa loge pour le soir; je la remerciai, je dînais chez M. de Cetto, ambassadeur de Saxe et je devais aller à l'Opéra voir *Armide*. Comme j'étais fort rapprochée de madame de Sainte-Amaranthe, et que Fleury causait à l'extrémité de la pièce, elle me dit à l'oreille : « Du moins venez demain, pour assister à la première *représentation* de Fleury, » ce fut son expression. En sortant, j'entrai chez Amélie. Un grand peignoir de batiste l'enveloppait; ses cheveux avaient été soigneusement lavés; aussi, pouvait-on admirer leur charmante couleur naturelle; épars, ils couvraient ses épaules et son front. Dans ce désordre décent, jamais son céleste visage ne m'avait paru si beau; elle était belle, belle comme un ciel bleu ! Elle lisait *Cécilia*, délicieux roman de miss Burney, dont elle savait apprécier le talent. Là, je n'entendis que des paroles sensées et bienveillantes. Ce tête-à-tête intime me la fit trouver plus aimable encore qu'au milieu du monde; je la regardais, je l'écoutais, comme si je la voyais pour la première fois, quand tout à coup je ressentis au fond de mon âme un attendrissement qui ressemblait à un mouvement douloureux! Les femmes d'une imagination puissante seraient-elles douées de la seconde vue? étais-je frappée d'un pressentiment fatal?... Mais le limpide regard d'Amélie s'attachant sur moi dissipa mon anxiété.

A l'heure du dîner, je me rendis chez le comte de Cetto, où l'urbanité bavaroise, bien qu'un peu grave, pouvait cependant rivaliser avec la bonne grâce française. Parmi les dames de sa famille, sa vieille tante chanoinesse était particulièrement aimable. Je rends cet hommage à sa mémoire, sans être influencée par la prédilection qu'elle me témoignait chaque fois que je me rendais à l'ambassade. J'y retrouvai ce même jour un homme qu'en tout temps j'avais su apprécier, le chevalier d'Aymar, ancien chef d'escadre. Son âge avancé, ses cheveux blancs, un bras de moins, n'empêchaient pas qu'il fût encore d'une taille et d'une figure remarquables. Le grand cordon rouge, qu'il avait si bien mérité par ses hauts faits maritimes, lui allait à merveille. Je le connaissais depuis plus de quinze ans, le voyant souvent chez des amis de ma famille qui étaient aussi les siens. A table, il s'empara d'autorité d'une place à mes côtés :

« Nous sommes de bien vieilles connaissances, me dit-il avec une bienveillance presque paternelle ; je vous ai connue, mademoiselle Lucile, et la plus joyeuse enfant de la terre. Pourquoi, hélas ! en avoir fait à treize ans à peine madame de B... ? Le régime conjugal a été despotique, je le sais, ce qui légitime, à quelques égards, votre révolution personnelle; cependant, j'ai été peiné d'y trouver l'influence de ce grand agitateur Mirabeau. Allons, allons, ne prenez pas cet air sérieux qui me fait trembler, et permettez-moi une question d'ami : Êtes-vous heureuse ? »

Le chevalier me parlait très-bas.

« Je suis indépendante, répondis-je, n'est-ce pas le bonheur ? et j'étais peut-être plus tentée de soupirer que de sourire, en prononçant ce mot *bonheur*.

— Ah ! la bonne tête ! s'écria le chevalier. »

M. de Cetto, qui avait ce jour-là un renfort de compatriotes, et qui voulait leur offrir une soirée d'Opéra, nous prévint, sa tante et moi, que sa loge habituelle n'étant pas suffisante, il en avait loué une autre près du théâtre. La comtesse s'écria :

« Ah ! tant mieux ! car dans votre loge de face, il faudrait un télescope plutôt qu'une lorgnette ; mais avant tout, je veux madame de B*** à mes côtés : que décide-t-elle de notre résidence ? »

Je répondis que sa préférence serait la mienne. Bientôt, nous partîmes. Un jeune

Bavarois, la fleur des pois de la cour de Munich, et le chevalier d'Aymar nous accompagnèrent, la comtesse et moi. On donnait *Armide*. La loge improvisée de M. de Cetto était aux secondes et si près du théâtre, qu'une seule loge nous séparait de l'avant-scène. En voyant l'ouvreuse nous conduire à l'extrémité du corridor, je sentis un peu d'émotion. J'allais être voisine d'une femme avec laquelle j'avais été liée depuis mon enfance; les relations s'étaient encore resserrées après mon mariage et le sien, et ne cessèrent que le jour où je me retirai dans un couvent pour demander ma séparation. Ce fut à cette amie, madame X***, que j'adressai la première lettre que j'écrivis de l'abbaye de Bonsecours[1]; lettre de tendresse et de confiance....

Oh! quelle réponse! la vertu la plus austère, ou le cœur le plus sec, pouvait seul l'avoir

[1] L'abbaye de Bonsecours était rue de Charonne, faubourg Saint-Antoine. Depuis, sur son emplacement, M. Richard Lenoir a établi une manufacture.

dictée. Certes, madame X*** n'était point cette vertu austère, mais il faut le reconnaître, le cœur sec devait être là. Dans ce billet, elle commençait par me dire, qu'après avoir fait un aussi scandaleux éclat, il ne pouvait plus exister de liaison entre nous, et elle terminait par ces mots : *Adieu, mon cœur.* Cet : adieu, mon cœur, si dérisoirement cruel après la rupture d'une affection qui datait du berceau, m'indigna plus encore que les inconcevables lignes qui précédaient. Il fallait que madame X*** eût une foi bien illimitée dans mon extrême bonté, et surtout dans ma délicatesse, car je connaissais tous ses secrets. Je n'en abusai pas, même en plaisantant. Je l'avoue, ce sont de ces traits qui me donnent envie de me saluer quand je passe devant une glace. Eh bien ! un an après, madame X*** quitta son mari, aimable, excellent, et le plus tolérant des hommes. Depuis, elle a divorcé. Madame X*** aimait les arts, surtout la musique. Son mari favorisait ce penchant avec une bonne grâce parfaite. La voix de la jeune femme était remarquablement belle. Elle désira des leçons de goût, comme on disait alors, du chanteur Rousseau, haute-contre de l'Opéra. Il était sans doute fort éloigné du talent de ses successeurs Nourrit, Duprez, etc., mais sa voix était mélodieuse, et ceux qui l'ont entendu n'en perdront jamais le souvenir. Rousseau avait, de plus, une figure charmante, des manières douces, distinguées, qui le faisaient particulièrement rechercher dans le monde pour les concerts et les leçons matinales. Plusieurs femmes de la cour et de la société firent preuve d'enthousiasme, et le pauvre Rousseau, d'une santé fort délicate, avait peine à vaquer à ses nombreuses occupations[1]. Il en refusait souvent de nouvelles, et il fallut toute l'insistance du bon M. X*** pour l'amener au piano de sa femme. Rousseau finit par s'y complaire, car madame X*** était loin d'être sans agrément. Beaucoup

[1] Il mourut jeune d'une maladie de poitrine.

trop grasse pour une personne de vingt ans, sa figure en souffrait un peu, mais ses grands yeux noirs et son sourire expressif avaient du charme. Enfin Rousseau se trouvait bien près de son élève ; il y aurait passé plus de moments encore sans une certaine baronne de N*** qui paraissait orgueilleuse de sa liaison avec Rousseau, et l'affichait publiquement. Il y avait une façon presque matrimoniale dans leur manière de vivre ensemble, et en femme habile et prudente, elle fermait les yeux sur bon nombre de fantaisies de Rousseau ; mais elle s'inquiéta de la durée de celle que je viens d'indiquer. Il y eut probablement des scènes à cet égard, car Rousseau manqua plus d'une fois les leçons qu'il donnait à madame X***. Elle était pourtant loin de prévoir l'étrange dénoûment dont le hasard me rendit spectatrice. La loge que j'occupais touchait à la sienne, où si souvent nous avions été ensemble. Elle était accompagnée de son mari, de l'abbé d'Espagnac, et d'une femme très-spirituelle, mademoiselle Nectoux. Ils me saluèrent avec une parfaite et bienveillante convenance ; l'inclination de tête de mon ancienne amie fut à peine marquée. Dans ce même opéra d'*Armide*, que de fois j'avais vu les yeux de Renaud se diriger vers madame X***. Le duo *Aimons-nous* semblait être chanté uniquement pour elle, et dans la secrète mélodie de son cœur, elle en faisait la seconde partie. Enfin, une application gracieuse ou tendre n'était jamais négligée. Il fallait tout l'aveuglement du mari pour n'en pas faire la remarque.

Pendant cette dernière représentation, le plus observateur des jaloux aurait été fort tranquille. Renaud n'eut jamais plus d'expression dramatique que lorsqu'il dit, en regardant la loge déshéritée :

> Armide, il est temps que j'évite
> Le plaisir trop charmant que je goûte à vous voir.
> La gloire veut que je vous quitte,
> (Ici, un regard à cette gloire triomphante de madame de N...)
> Elle ordonne à l'amour de céder au devoir.
> (Ici, nouvelle application à la pauvre madame de X...)

Si vous souffrez, vous devez croire
Que je m'éloigne à regret de vos yeux,
Vous régnerez toujours dans ma mémoire,
Et vous serez après la gloire,

(Nouveau geste indicatif à madame de N...)

Ce que j'aimerai le mieux.

(Signe d'adieu, et d'adieu à jamais à madame de X...)

Il fut bien compris par mademoiselle Nectoux, ce signe d'adieu, et elle murmura à mon oreille : « Quel congé lyrique ! » La pauvre Armide le comprit encore mieux; son rouge me parut tombé, sa pâleur était visible. Pour la *gloire*, la triomphante *gloire*, ainsi que je l'ai déjà surnommée, elle applaudit si vivement avec son éventail, qu'il se brisa, et comme véritablement Rousseau n'avait jamais mieux chanté, le public aussi battait des mains et criait *bravo !*

M. de X... et l'abbé d'Espagnac, trouvant la scène singulièrement bien rendue, applaudissaient aussi. Le chevalier d'Aymar, le jeune Bavarois, rendaient hommage également au talent de Rousseau ; j'en fis de même, un peu moins innocemment, sans doute.

C'était dans la famille Sainte-Amaranthe que je trouvais les plus agréables distractions. Elles ne me manquaient pas non plus dans ma cellule de Sainte-Élisabeth, où se réunissaient des personnes qu'on aurait remarquées dans les plus brillants salons. Mon ami de Langlade, toujours aussi profondément dévoué, me rendait de fréquentes visites. Au-dessus de tout, je mettais la tendresse aimable et indulgente de mon excellent père, appréciée par moi comme elle méritait de l'être. Enfin, n'oublions pas une conquête inappréciable à mes yeux, celle de l'indépendance. Mais une peine secrète, sur laquelle je m'étourdissais parfois, j'en conviens, et qui semblait ensuite se réveiller plus cruelle encore, m'inspira le besoin très-impérieux de m'éloigner du monde. Je rêvais les États-Unis ; des conseils sages, et la chère pensée de mon père, me firent adopter un exil moins lointain. Je me rendis seulement à l'extrémité du Finistère, sur les bords de l'Océan.

Je n'écris point mon histoire, je n'ai donc pas besoin d'ajouter d'autres détails aux quelques lignes que je viens de tracer. Je mentionnerai seulement, qu'après une année écoulée dans cette austère retraite, que je ne quittai pas sans regret, je revins plus calme à Paris. Ma première visite fut pour madame de Sainte-Amaranthe qui, pendant mon absence, chargeait toujours M. de Langlade d'aimables souvenirs pour moi. Elle s'écria en me revoyant : « Ah ! notre chère enfant prodigue ! faites-vous pardonner en nous promettant de ne plus recommencer de pareilles absences. » Je trouvai, ce qui était réellement un superflu de beauté, Amélie plus charmante que je ne l'avais laissée. Pendant de rapides instants qui se renouvelèrent plus d'une fois dans la journée, une douce préoccupation s'emparait d'elle. Je parcourus aussitôt des yeux le cercle qui l'entourait. Il était composé des habitués de l'année précédente, et de plus de M. de Sartines, qui avait sollicité peu de temps auparavant la main d'Amélie. Ni agréé ni positivement rejeté, il paraissait spécialement favorisé par madame de Bordeaux; aussi avait-il obtenu la faveur des heures privilégiées. Depuis assez longtemps je le connaissais de vue; je le regardai plus attentivement, et je fus convaincue que la vague rêverie où Amélie était plongée, n'avait pas M. de Sartines pour objet. Il s'en fallait cependant de beaucoup que ce fût un homme désagréable. Sa taille un peu ramassée devait à l'habileté de son tailleur une tournure assez élégante; sa figure, plus large qu'ovale, avait une fraîcheur à faire envie aux jeunes filles; une parfaite bienveillance respirait dans ses traits comme dans son langage. Le contraste était extrême entre lui et son rival, le long, le sec, le mordant M. de Miromesnil, qui ambitionnait toujours la légitime possession de mademoiselle de Sainte-Amaranthe. Il n'était encouragé ni par la mère, ni par la fille. Un autre prétendant, M. de Maupeou, me paraissait le plus vivement épris, aussi avait-il des accès de découragement qui le faisaient s'éloigner quelquefois : il revenait bientôt, ne pouvant renoncer à la vue d'Amélie. Passion à part, il était le plus gai, et surtout le plus aimable des trois, et il m'avait semblé, avant mon départ, qu'Amélie lui adressait plus de sourires qu'à aucun autre. A mon retour, je fus frappée du redoublement d'indifférence qu'elle lui témoignait ; il s'y joignait même une sorte de sécheresse, triste nuance si peu familière à son charmant caractère. Cette sécheresse redoublait lorsqu'elle se croyait obligée de répondre à une insinuation passionnée, que le pauvre M. de Maupeou amenait cependant avec beaucoup d'adresse. La femme la moins expérimentée sait bien que souvent une secrète préférence se déguise sous une feinte antipathie ; mais pourquoi Amélie l'aurait-elle jouée ? M. de Maupeou lui offrait son nom, et sa fortune plus considérable que celle de ses rivaux. Dès sa première demande madame de Sainte-Amaranthe l'avait assuré de son consentement, s'il obtenait celui de sa fille. L'avenir très-prochain prouvera que déjà une sorte de puritanisme du cœur faisait regretter à Amélie l'infiniment légère préférence qu'elle avait, jadis, accordée à M. de Maupeou. Je la trouvai donc avec son amoureux et ministériel entourage, car il est assez curieux que ces trois prétendants, MM. de Miromesnil, de Maupeou et de Sartines, fussent les fils des trois derniers ministres de ce nom. Je faisais ces observations le premier jour que je passai au milieu de ma société favorite, et pourtant j'étais obligée de m'occuper de moi-même, chacun voulant bien me témoigner une aimable satisfaction de me revoir. Le cercle des intimes était au grand complet. Fleury, dans toute la mesure de son excellent ton, me sembla complétement initié. Lui aussi ne comprenait pas le long séjour qu'une Parisienne avait pu faire dans le Finistère. On me questionnait comme si j'avais été aux terres australes. Je ne babille volontiers que dans un petit entourage d'amis; mais cette fois, probablement entraînée par un si bienveillant accueil, je parlais, je parlais, comme si j'eusse voulu me dédommager des mois silencieux que je venais de passer sur le rivage de l'Océan. Je jouai au Christophe Colomb, à propos d'une île charmante, découverte pendant une petite excursion maritime avec le châtelain, propriétaire du château de Kergoss; il m'avait assurée qu'il lui donnerait mon nom. Je finis par aborder une terre plus connue en mentionnant Brest et son bagne, devenu fort à la mode depuis qu'à la suite de l'insurrection de Nancy, les soldats du régiment de Châteauvieux s'y trouvaient en grand nombre. Les patriotes n'approuvaient pas cette punition. Beaucoup de jeunes filles et de jolies femmes l'adoucissaient par leurs offrandes gastronomiques qu'elles apportaient elles-mêmes.

« Vraiment, dit M. de Morainville, qui ramenait volontiers toutes choses à la question théâtrale (question, qui par ses représentantes, tenait une large part dans sa joyeuse existence), vraiment l'enthousiasme des dames et des demoiselles brestoises devrait les amener jusqu'à Paris, pour applaudir notre Elleviou, dont le succès est prodigieux dans *Philippe et Georgette*. D'abord, l'uniforme du soldat de Châteauvieux lui sied à ravir ; puis cet aimable acteur fait ressortir à merveille la simplicité touchante et passionnée de ce rôle, ce qui achève de le mettre tout à fait à la mode. Vous devez, Madame, ajouta M. de Morainville en se tournant vers moi, votre première visite à l'intéressante pièce de Monvel.

— Je n'y manquerai pas, répondis-je, et je serai heureuse de voir apprécier le talent d'Elleviou. Pendant mon absence, quelques journaux m'ont appris qu'il marchait à grands pas dans la faveur du public, ce qui m'a rappelé l'indignation que je ressentis, il y a trois ou quatre ans, en l'entendant outrageusement sifflé.

— Ah! sifflé? interrompit Lili de Sainte-Amaranthe; il faut que ce soit vous qui le disiez, Madame, pour que je puisse le croire.

— Et c'était, repris-je, d'une injustice pitoyable. On donnait *l'Amant Statue*, rôle créé par le vieux Michu, qui se trouva subitement malade. Elleviou le remplaça, et de tous côtés s'élevèrent des signes de réprobation.

« Cette mauvaise réception n'empêcha pas le pauvre Elleviou de développer son élégante beauté sur le piédestal de *l'Amant Statue*, et il chanta avec un gosier si frais, si pur, si mélodieux, qu'une excellente musicienne, qui était près de moi, battit des mains en disant : — Allez, allez, Mesdames, il ne sera pas toujours sifflé. Pour terminer mon long chapitre sur Elleviou, je veux citer l'autorité d'un homme très-distingué, M. de La Villegris, que j'ai rencontré dans les deux jours de repos que j'ai passés à Brest Certes, il n'appartient nullement à l'époque philosophique de notre siècle, aussi regrettait-il que le jeune Elleviou, d'une famille honorable[1], ayant reçu une parfaite éducation, se fût, par je ne sais quel entraînement, voué à la carrière dramatique. — Sans les précieux renseignements de madame de B***, reprit madame de Bordeaux avec un de ses plus aigres accents et un sourire moqueur, j'aurais ignoré que M. *d'Elleviou* pouvait entrer à Malte. Dans toutes les occasions, madame de Bordeaux m'était volontiers hostile. Je le remarquais d'autant plus que sa famille et sa société habituelle professaient à mon égard des sentiments tout autres. Je lui répondis paisiblement, mais avec assurance : Je ne vois pas, Madame, ce que l'ordre de Malte vient faire en ce moment ; M. de La Villegris, avec le bon sens qui le caractérise, trouvait *très-honorable* la profession d'habile médecin de M. Elleviou père, et il aurait souhaité que son fils l'eût continuée, persuadé, qu'avec sa haute intelligence, il se serait distingué partout. »

[1] La mère d'Elleviou était une Kervalan ; son oncle, officier de marine.

On se leva de table. M. Auccane me donna le bras. C'était toujours l'homme gracieux, aimable, quoique des souffrances déjà aiguës eussent imprimé sur sa physionomie une langueur bien opposée à la vivacité qui le caractérisait autrefois. « A demain, me dit-il : on donne *Philippe et Georgette*, c'est le jour de loge de madame de Sainte-Amaranthe; vous voudrez bien y accepter une place, et vous ne regretterez point qu'Elleviou n'ait pas suivi la voie tracée par M. de La Villegris. » En cet instant, le parquet très-ciré me fit faire une légère glissade. J'aurais pu tomber si Amélie n'eût pas remplacé M. Auccane que je venais de quitter. Était-ce pour mieux me soutenir ? je ne sais, mais je sentis une douce pression. Le soir, on prit le thé et on resta assez tard. M. de Lajard de Cherval partait le jour suivant pour une courte absence, assurait-il. Elle dura plusieurs années, car il allait émigrer, et il ne revint qu'au commencement du consulat. Si mon retour avait été célébré par de gracieuses ovations, il était naturel que les dernières heures que donnait M. de Cherval appartinssent au regret. Malgré son esprit sérieux, il savait toujours plaire même aux personnes les plus frivoles. Quand il embrassa madame de Sainte-Amaranthe et Lili, je crus voir une larme humecter ses paupières. Il me salua, et baisa à plusieurs reprises la main que je lui tendais.

« Ne me prenez pas trop en grippe dans le mauvais air que vous allez respirer, lui dis-je.

— Croyez, me répondit-il, que je sais honorer toutes les opinions quand elles viennent d'un cœur franc et désintéressé comme le vôtre. » Puis, il ajouta d'une voix très-basse : « Je n'en dirais pas autant à Félix de Saint-Fargeau. Adieu, encore, Mesdames ; j'espère que nous nous retrouverons *tous* ici à mon retour... » Hélas ! ce vœu ne devait pas être exaucé !...

J'avais promis d'aller dîner le lendemain rue Vivienne, pour accompagner ensuite ces dames au théâtre Favart. Madame de Sainte-Amaranthe, ordinairement si affectueuse pour sa fille, me semblait, par moment, prendre un ton un peu froid en lui adressant la parole. Dans mon amour contemplatif du beau, c'était toujours un vrai plaisir pour moi de fixer mes regards sur Amélie ; aussi, au moment de partir pour le spectacle, je remarquai de nouveau l'harmonie et le bon goût de sa toilette. Cependant, le gracieux ornement du bouquet de côté, qu'elle portait, je crois, comme jamais personne ne l'a porté depuis, ce bouquet, dis-je, n'occupait pas à son corsage sa place habituelle. Ce soir-là, elle le tenait à la main. Lili lui fit souvenir de l'attacher :

« Non, répondit-elle, je veux m'accoutumer à son parfum, qui me paraît excessif.

— D'ailleurs, ajouta madame de Bordeaux, avec un soulèvement d'épaules, je parierais que l'ouvreuse vous offrira son tribut de fleurs ; son père est un fort habile jardinier, à ce qu'il paraît. »

En effet, à notre arrivée, cette femme vint au devant de nous avec un empressement respectueux digne d'une loge royale. En arrangeant les siéges, elle posa sur celui d'Amélie, le plus rapproché de la scène, un charmant bouquet, en lui disant :

« Mademoiselle, mon père est si fier que vous ayez trouvé belles les fleurs de son jardin, qu'il vous supplie de lui faire l'honneur d'accepter encore celles-ci.

—Volontiers, d'autant plus que l'odeur des miennes me fatigue ; emportez-les. » Et prenant un louis dans son gant, elle le donna à l'ouvreuse, qui sortit en remerciant. J'étais assise près d'Amélie ; elle me parut plus pâle que dans le trajet de chez elle au théâtre, et avec cette simplicité d'enfant, qui chez moi se confondait avec un esprit d'observation passablement sagace, je lui dis naïvement :

« Peut-être ces fleurs vous font mal ?

—Non, pas celles-ci, reprit-elle en souriant ; » puis elle les laissa tomber sur ses genoux.

Je m'aperçus alors qu'elle glissait un papier dans sa poche.

La pièce de *Philippe et Georgette* était parfaitement montée. Outre Elleviou, on avait encore à y applaudir Chenard, Solié, mesdames Gonthier et Saint-Aubin. Chenard, dans le rôle de M. Martin, était d'une plaisante gravité, et des plus réjouissants. Mais le véritable intérêt ne commençait qu'au moment où la petite porte de l'asile mystérieux du soldat proscrit, s'entr'ouvrant doucement, laissait voir Elleviou, noble, beau, dans sa simple veste blanche. Après quelques paroles, il chanta ce couplet :

O ma Georgette !
Toi seule embellis ce séjour,
Il n'est rien qu'ici je regrette,
Oh ! combien je dois de retour
A ma Georgette, etc.

On peut se rappeler que j'avais été singulièrement initiée aux mystères du théâtre et des loges d'avant-scène par le gentil Rousseau et madame X... Sans doute le duo *Aimons-nous* était ravissant, mais il m'avait toujours paru chanté par l'un et écouté par l'autre avec plus de coquetterie que de véritable amour. Enfin, cet épisode, accompagné de l'imposante musique de Gluck, de la brillante poésie de Quinault, me faisait cependant deviner qu'il n'y aurait là qu'une aventure, tandis que les simples paroles, la suave mélodie de cet air : *O ma Georgette ! toi seule embellis ce séjour*, annonçaient le commencement et l'avenir d'une longue passion. C'était vraiment un amour bien senti qui animait les grands yeux d'Elleviou, attachés avec ivresse sur Amélie. Son éventail, qu'elle tenait très-élevé sur sa figure, m'en dérobait l'expression; cependant, à travers la gaze du fichu bouffant, je croyais entrevoir les fortes palpitations de son cœur ; des confidences positives ne m'auraient pas plus éclairée. Oui, la passion était là, se dessinant déjà à grands traits chez la pauvre Amélie, et certes, elle était la première et fut l'unique dans sa vie. On savait dans le monde qu'Elleviou vivait maritalement avec Clotilde, jeune danseuse de l'Opéra. Celle-ci, jalouse comme une Africaine, idolâtrait son amant. Pour lui, il glissait assez légèrement sur les sentiments qu'il inspirait et qui avaient fondé cette liaison. Toutefois, il ne se reconnaissait pas le droit de la briser, après le sacrifice des brillantes positions que Clotilde avait fait à leur intimité. Si elle eût assisté à cette représentation, elle aurait facilement deviné l'état du cœur d'Elleviou. Heureusement, elle était retenue à l'Opéra par une répétition. Oh! comme Elleviou profita de son absence!... Le bouquet trop parfumé, emporté par l'ouvreuse et remis à Elleviou, éleva Philippe à un degré d'exaltation passionnée qui donna un nouveau charme à son jeu et à sa voix. Plus d'une année après, mes soupçons furent confirmés par des aveux positifs.

Dans les temps calmes et frivoles qui précédèrent l'époque que je retrace en ce moment, on aurait bien vite remarqué les doubles scènes jouées par Elleviou; mais l'été de 92 devenait si orageux au point de vue politique, que même ceux qui passaient pour légers et insouciants se sentaient absorbés par bien d'autres préoccupations que celles du théâtre. D'ailleurs, il régnait tant de décence, tant de noblesse dans le maintien d'Amélie, qu'il fallait avoir observé ses secrètes émotions, ainsi que je l'avais fait, pour deviner si juste. Je crois bien toutefois que le premier regard de Philippe sur Georgette fut interprété à l'instant par madame de Bordeaux, car jamais personne ne porta plus loin la prescience des observations malignes; cependant, elle aimait et admirait sa nièce. Nul doute qu'elle n'eût déjà averti madame de Sainte-Amaranthe. Celle-ci, dans son idolâtrie maternelle, plaçait si haut sa fille, qu'elle repoussa d'abord les insinuations de sa sœur; ensuite, ses grands yeux verts, comme elle les appelait elle-même, finirent par trouver ceux d'Elleviou singulièrement expressifs, et, si elle ne fut point encore convaincue des sympathies d'Amélie, elle avait dès lors de vagues soupçons. Je m'en étais aperçue au ton un peu froid qui accompagnait ses paroles, si caressant d'ordinaire quand elle s'adressait à sa fille. Je suis persuadée que madame de Sainte-Amaranthe eût vivement souhaité une confidence d'Amélie, qui, bien certainement, n'aurait reçu que de raisonnables conseils ; mais elle se taisait, et dans le doute, que la mère aimait à conserver, elle en fit autant. Pauvre femme! peut-être au fond de sa conscience, une voix secrète lui criait : Eh! n'as-tu pas à craindre une réponse sévère?... Cela ne serait point arrivé. Le respect filial s'unissait à la tendresse dans le cœur d'Amélie; jamais elle ne s'en écarta, même lorsque plus tard, madame de Sainte-Amaranthe déploya son autorité d'une façon bien rigoureuse.

La beauté si frappante de mademoiselle de Sainte-Amaranthe avait plus d'une fois, à distance, ébloui les yeux d'Elleviou. En la revoyant dans la loge voisine du théâtre, le charme alla jusqu'au cœur; et même avant les fleurs parlantes qu'il fit remettre par la complaisante ouvreuse, Amélie avait dû penser qu'elle était plus qu'une spectatrice pour le brillant acteur, dont les billets se succédèrent. Enfin, il reçut le bouquet trop parfumé, et en fut si enivré, que sans cesse, il faisait mettre sur l'affiche *Philippe et Georgette*, de préférence à toute autre pièce. Il avait tant de bonheur à dire à la véritable Georgette : *Toi seule embellis ce séjour!*... La présence de Clotilde, qui avait tous les priviléges d'une maîtresse en titre, ne l'arrêtait même plus. Dans la suite, Elleviou n'a pas manqué d'alléguer qu'une rupture avec Clotilde aurait compromis l'objet du culte secret. Mais Clotilde avait des soupçons; elle épia les démarches de son amant, et les explosions directes de sa jalousie n'amenant que des dénégations, elle rechercha, autant qu'elle la redoutait, une preuve positive. Pendant une absence d'Elleviou, elle prit la mesure tant soit peu révolutionnaire en amour d'enfoncer son secrétaire; et brisant également un tiroir à secret, elle y trouva quatre petits billets d'une écriture charmante et d'une convenance parfaite; seulement, le dernier était signé : *Georgette*. Des regards, des allusions, des bouquets, et enfin les quatre petits billets répondant, on le voyait bien, à des billets plus passionnés, étaient jusqu'ici les seuls événements du roman mystérieux. Il est même certain que le chapitre : *Une entrevue* n'était pas fait encore. La rage de Clotilde n'en fut pas moins au comble. Elle ne se méprit pas à la signature de Georgette, et envoya les billets à madame de Sainte-Amaranthe. Elle invitait, en outre, la prudence maternelle à prévenir le bruyant et fâcheux éclat qu'elle était décidée à faire si l'on détruisait le bonheur de sa vie. Cette lettre fut reçue aux premiers sons du tocsin et du canon du 10 août. La mère n'en parla pas à sa fille, mais se disant effrayée du voisinage des Tuileries et du Palais-Royal, elle alla provisoirement s'installer avec sa famille rue Saint-Pierre Montmartre dans un hôtel dont elle connaissait la maîtresse.

Dès le troisième jour, madame de Sainte-Amaranthe annonça son départ pour Rouen, séjour si paisible alors, qu'un grand nombre de Parisiens s'y rendirent à cette époque. Elle m'engagea à la rejoindre bientôt, et elle y invita également ses autres amis, au nombre desquels étaient les prétendants de sa fille, MM. de Sartines, de Miromesnil et de Meaupou, ce dernier le plus épris de tous. Amélie ne s'expliquait pas les arrangements de madame de Sainte-Amaranthe, et les événements de Paris n'adoucissaient pas son regret de le quitter. La famille partit donc pour la Normandie. Amélie m'a dit depuis qu'après une explication assez obscure avec sa mère, celle-ci insista vivement pour qu'elle ne rejetât pas plus longtemps les alliances honorables qui se présentaient. Elle s'y était d'abord positivement refusée; madame de Sainte-Amaranthe lui signifia alors qu'elle allait faire ses dispositions pour passer l'hiver à Rouen. Paris était le monde entier pour la pauvre Amélie. Elle demanda un jour de réflexion, et le lendemain, elle annonça tristement à sa mère qu'elle pouvait disposer de sa main en faveur de M. de Sartines. Le mariage se fit à Rouen, et l'on revint aussitôt à Paris. Amélie ne me parut répondre que par des manières obligeamment polies à celles de M. de Sartines, empreintes d'une gracieuse galanterie pour sa jeune femme. On n'y démêlait pas cependant l'ivresse d'une possession depuis si longtemps désirée. Quant à madame de Sainte-Amaranthe, elle avait souvent le front chargé de soucis. Sa fortune, cependant, augmentait de plus en plus; la mine d'or de la maison de jeu donnait chaque jour de nouvelles richesses. Toujours parfaitement tenue, il ne s'y rencontrait point de ces hideux ou grotesques emblèmes à l'ordre du jour au commencement de 93. Madame de Sainte-Amaranthe ne voulait pas y admettre les ignobles héros du moment. Un homme qu'on ne pouvait leur comparer en rien, malgré sa position de président de la section de la butte des Moulins, était le seul personnage de cette nuance qui fût reçu habituellement, et dans une sorte d'intimité. C'était *Colin*, vrai patriote doué de toutes les vertus qui devraient justifier cette noble qualification, prostituée depuis par tant de gens. On le bénissait dans sa section pour son humanité et sa modération. Colin était laid, infirme, ne marchant qu'à l'aide d'une béquille. Ce nom de Colin, cette béquille que j'appelais sa houlette, me le faisaient surnommer : Mon berger. Nous nous entendions à merveille, car il partageait mon estime pour les Girondins et mon enthousiasme pour madame Roland. Nous étions convaincus que la république des Girondins aurait été sage, grande, humaine, et l'appel au peuple prouva qu'ils n'auraient pas voulu que la France présentât le douloureux pendant de Charles Ier. Enfin, Colin était un véritable ami.

La section Lepelletier, régénérée après thermidor, était fort redoutable en 93 par son inquisition terroriste. La famille de Sainte-Amaranthe ayant demeuré longtemps rue Vivienne, se trouvait sous la juridiction de son comité. Les membres qui le composaient lui faisaient horreur, et pas un seul ne franchit le seuil de sa maison. Parmi les plus dangereux, on désignait Trial, qui jouait si plaisamment les rôles de niais à l'Opéra-Comique. Quel niais, mon Dieu! quelle perverse nature!...

D'après les soupçons de quelques-uns de ses camarades, il paraîtrait que le refus éprouvé par Trial quand il désira être reçu chez madame de Sainte-Amaranthe, fut une des principales causes de la fatale catastrophe. La mère d'Amélie ne pouvait se contraindre jusqu'à adopter l'étrange politique d'un grand nombre de salons élégants où l'on admettait plutôt des démagogues extrêmes que des patriotes modérés. Hélas! cela ne sauva pas ces infortunés esclaves de la peur, qui ne retrouvèrent du courage que pour marcher à l'échafaud. Cependant madame de Sainte-Amaranthe consentit à recevoir Camille Desmoulins, que son esprit, et peut-être son cœur, auraient dû préserver de l'excès de la fièvre révolutionnaire. Il fut présenté par M. de Laplatière, rédacteur d'un journal assez influent, et dont le caractère modéré prouvait qu'il ne partageait pas les opinions de Camille. Tout anti Dantoniste que j'étais, je suis forcée de convenir qu'il se montra aimable et de bonne compagnie, les deux seules fois qu'il vint chez madame de Sainte-Amaranthe. Il était laid, mais de cette laideur spirituelle et animée qui plaît. Il répondit avec une gracieuse galanterie à Amélie, qui lui faisait compliment de la beauté de sa femme.

« Oui, reprit-il avec cet enthousiasme conjugal dont il donna bientôt des preuves si touchantes, oui, citoyenne, Lucile est bien belle, car elle le serait même auprès de vous (B). Il charma particulièrement M. de Sartines, en parlant avec délices de l'Opéra, seul objet au monde qui eût le privilége d'enthousiasmer le mari d'Amélie.

« L'Opéra, s'écria Camille, c'est le chef-lieu

de la civilisation ; si on le fermait, on tomberait dans la barbarie. »

Il a exprimé à peu près la même pensée dans un article de son *Vieux Cordelier*. Plût au ciel que ses écrits, ses discours, eussent toujours été aussi inoffensifs! Il revint une seconde fois, mais s'apercevant, je crois, que madame de Sainte-Amaranthe pouvait être plus aimable qu'elle ne le fut avec lui, il cessa ses visites. Loin de s'en plaindre, elle s'en félicitait devant moi et notre bon Colin, qui lui disait :

« Vous pourriez recevoir pire que Camille Desmoulins.

— C'est bien assez comme cela, » répliqua-t-elle en riant. Pauvre femme! elle était réservée à une plus rude épreuve.

Très-peu de jours après, son valet de chambre, Cresnée, entra chez elle avec une figure de si mauvaise humeur, qu'elle lui demanda vivement :

« Qu'avez-vous donc! quelle mine vous faites?

— Je suis désespéré, Madame, d'une visite qui

vient de m'arriver. Un mien cousin, nommé Mamin, dont j'avais assez entendu parler à des compatriotes pour savoir qu'on le regarde à Marseille comme le plus mauvais sujet de la ville, est à Paris avec cette bande de scélérats dont le nom n'est devenu que trop célèbre.

« Mamin, mon maudit cousin, s'est, dit-on, surpassé entre tous. Croyant qu'il nous avait oubliés, j'en bénissais le ciel, mais, hélas ! il est là, près de ma femme, qui a pensé se trouver mal lorsqu'il s'est nommé. Si je n'avais pas l'honneur d'être au service de madame, je l'aurais jeté par la fenêtre; mais je ne saurais avoir trop de circonspection dans une maison que je défendrais au péril de ma vie. Le coquin fait le bon apôtre, et m'a demandé à déjeuner, en ajoutant :

« — Ah çà ! cousin, ne me donne pas du vin du coin ; je suis habitué aux premiers crus de Bordeaux et de l'Hermitage. Madame peut penser que je ne suis pas tenté de faire usage des clefs de sa cave qu'elle m'a toujours confiées...

— Un Marseillais ! murmura madame de Sainte-Amaranthe ; mais on leur attribue d'épouvantables choses !... » Puis, étrange bizarrerie de son esprit si français, à un frisson très-marqué succéda un sourire, et elle ajouta :

« Ce monsieur veut du bordeaux, de l'hermitage ? Il faut lui en donner ; vous en boirez aussi, Cresnée, à la santé de mes enfants ; ce sera un bon contre-poison aux libations marseillaises. » Cresnée obéit aux ordres de sa maîtresse, et Mamin fit grandement honneur à l'hospitalité forcée de la maison, car son pas était beaucoup moins ferme en sortant qu'en arrivant. Ajoutons qu'aucun propos atroce ne sortit de sa bouche pendant cette séance. Lili, qui avait entr'ouvert la porte pour jeter un regard de curiosité, s'enfuit, en pouffant de rire, conter à sa sœur la tournure comiquement muscadine du personnage, avec ses longs anneaux d'or pendant à ses oreilles. Le lendemain, tout le monde ne prit pas la chose si gaîment que Lili. J'y étais cette fois, ainsi que

M. Auccane. A l'heure du dîner, on crut que Cresnée allait s'évanouir ; madame de Sainte-Amaranthe effrayée, s'écria :

« Mais qu'arrive-t-il donc ?

— Ah ! Madame, Mamin est revenu dans sa plus superbe toilette. Il m'a remercié du déjeuner d'hier ; mais, a-t-il ajouté, tu m'en as fait les honneurs dans une antichambre, et depuis le triomphe de l'égalité, je m'asseois à la table des maîtres. Je figurerai donc très-bien à celle des citoyennes Sainte-Amaranthe, qui sont belles et aimables, m'a-t-on assuré. Va les prévenir que je leur demande à dîner pour aujourd'hui. Sois tranquille, cousin, je te ferai honneur ; je n'aurai pas trop ce laisser-aller que l'on reproche aux Marseillais, et qui, je l'avoue, continua-t-il en riant aux éclats, s'est peut-être un peu augmenté dans ces derniers temps. Allons, fais ma commission ; j'attends la réponse. Si les citoyennes sont connaisseuses et ont du bon sens, elles vont m'accepter bien vite pour convive.

— L'impudent ! s'écria M. Auccane, se levant avec son ancienne vivacité, je vais le faire sortir de cette antichambre qu'il dédaigne et il n'entrera pas dans votre salon, Madame, car c'est un abominable monstre que ce Mamin ; il fut, assure-t-on, un des assassins de la princesse de Lamballe.

— Oh ! reprit Lili, d'un air capable, je ne puis croire qu'un scélérat ait une mine aussi risible. »

Madame de Sainte-Amaranthe arrêta M. Auccane :

« Mon ami, lui dit-elle, vous connaissez mes projets, leur accomplissement m'évitera bientôt la douleur d'être en quelque sorte de plain-pied avec des gens que j'abhorre ; mais encore cet acte de courage et cette nouvelle concession, car le bon Cresnée pourrait être victime de notre refus. » MM. de Morand, de Fenouil et Fleury étaient présents. Les deux premiers semblaient hésitants ; moi, je remettais mon chapeau pour m'en aller, c'était mon acte de protestation.

« Chère Armande, dit madame de Sainte-Amaranthe, vous resterez, je vous le demande au nom de votre affection pour nous; vous prononcez avec tant de charme le mot *liberté* qu'il doit apprivoiser même les tigres.

— J'ai peur des tigres, et je les fuis, reprisje vivement.

— Non, quand il y a peut-être du danger à partager avec vos amis. » Ces mots furent accompagnés d'un sourire et d'un regard que cette charmante femme savait rendre irrésistibles. J'ôtai mon chapeau, et le plus ému de nous tous, Cresnée, sortit. Il laissa la porte ouverte, pour faciliter l'entrée de Mamin, ne pouvant se décider à l'annoncer. Le salon de madame de Sainte-Amaranthe reçut alors, pour la première fois, un être ignoble, grotesque, laid, dont le visage, marqué de petite vérole, exprimait un mélange de férocité, de luxure et de goguenarderie; c'était horrible! Cependant, il n'y eut rien de choquant dans cette première séance. Le tutoiement n'étant pas alors aussi généralement employé qu'il le devint depuis, les plus enragés en faisaient seuls usage, et quoique Mamin pût être considéré comme tel, ce jour-là, il disait bien *toi* quelquefois, mais les *vous* finissaient par l'emporter, surtout quand il parlait aux femmes. Il dîna de bon appétit, but modérément, assez cependant pour se trouver plus à l'aise. En sortant de table, il vint s'asseoir près de moi et d'Amélie, et nous lança quelques tendres œillades qui, heureusement, ne furent point accompagnées de paroles inconvenantes. Aussi, le soir en s'en allant, il dit à Cresnée, en se frottant les mains :

« Cousin, j'ai été un vrai chevalier du temps du roi René. » N'oublions pas qu'avant de quitter le salon, Mamin nous demanda, à titre de faveur, ce fut son expression, de vouloir bien accepter un présent qui, porté par nous, nous garantirait des plus grands périls, bien mieux, ajouta-t-il, que ne pourrait le faire une batterie de canons. Puis il tira de sa poche trois paires de gants blancs soigneusement enveloppées, sur lesquelles étaient représentés Paul et Virginie : ah! Bernardin de Saint-Pierre, où allais-tu te nicher!.... Nous n'eûmes garde de refuser; il en parut enchanté, remercia du bon accueil qu'il avait trouvé, ajoutant que si son dévoûment pouvait un jour nous être utile, il ne nous ferait pas défaut.

« J'espère, dit M. de Fenouil quand il fut parti, qu'il a été anacréontique près de vous, Mesdames!

— Oui, plus qu'aux Tuileries et autres lieux, » répliqua Fleury qui, de nous tous avait le moins dissimulé son impression de dégoût. On s'étonnait de pouvoir en rire; c'est cependant ce qui arriva, lorsque madame de Sainte-Amaranthe nous félicita d'avoir si bien conquis l'ignoble personnage, qu'il n'était rien resté pour elle.

Le lendemain, on donnait au Vaudeville, théâtre fort à la mode alors, la première représentation du *Petit Sacristain*. Je fis retenir une loge. J'avais à dîner un de mes oncles arrivé récemment de Bordeaux, et je lui proposai de m'accompagner. Il s'étonnait de voir jouer sur un théâtre de bonne compagnie une pièce qui, à Bordeaux, n'avait pu aller jusqu'à la moitié sans occasionner un tumulte effroyable. Il en présuma autant pour le soir, ce qui ne nous arrêta ni l'un ni l'autre. Nous trouvâmes dans la loge M. de Pressac et le comte Auguste de Kératry (C). Le public de Paris fut encore moins tolérant que celui de Bordeaux ; la pièce n'alla pas au quart. Il est certain qu'elle était ultra-voltairienne, mais très-amusante, et je regrettai de n'en pas voir la fin. La toile tombée, et le vaudeville qui suivait étant de ceux qu'on sait par cœur, je voulus me retirer. En descendant, je rencontrai mon honorable connaissance de la veille, Mamin, qui nous salua de son salut le plus gracieux. Il me demanda pourquoi je m'en allais de si bonne heure.

« La pièce nouvelle n'a pas été achevée, répondis-je.

— Ah ! ah ! de méchantes cabales s'en sont mêlées, j'en suis sûr, dit Mamin.

— Il est possible qu'elle soit mauvaise, repris-je, mais elle était amusante et j'aurais voulu la voir entière.

— Vous voulez la voir entière, citoyenne? s'écria Mamin en mettant son chapeau encore plus de côté que d'habitude ; eh bien ! vous la verrez : remontez dans votre loge, je vais revenir avec de vaillants amis que je suis certain de trouver ici près. » M. de Pressac qui me donnait le bras me le serra fortement comme pour me conseiller de ne pas accepter ; aussi, dis-je à Mamin qu'ayant gagné la migraine à l'orage de la soirée, je désirais partir ; mais il descendait si vite qu'il était déjà hors du théâtre.

« De grâce, Madame, exécutez votre projet de retraite, dit M. de Pressac.

— Madame de B... fera très-bien de rester, reprit ce fou de Kératry ; *le Petit Sacristain* est vraiment charmant, et puis, il est curieux de voir l'empire qu'une jolie femme peut exercer sur un chef de brigands. Qui sait si le dévoûment de celui-ci ne se manifestera pas plus tard pour quelque chose de plus grave qu'un vaudeville! » Cet éclair d'une mauvaise tête se réfléchit instantanément dans mon imagination, et une pensée soudaine me fit reprendre le chemin de ma loge. M. de Pressac m'y suivit d'un air sérieux; M. de Kératry riait et revint occuper sa place. Pour mon oncle, il s'empressa de nous souhaiter le bon soir. Un quart d'heure n'était pas écoulé qu'une foule bruyante remplissait parterre, balcon, orchestre. Mamin, trônant parmi les nouveaux arrivés, conduisait sa troupe avec une telle impétuosité, qu'après une lutte violente et assez prolongée elle resta maîtresse du terrain. *Le Petit Sacristain* fut repris à la scène interrompue et continué jusqu'à la fin. Pendant le tapage, Mamin avait jeté les yeux sur moi, et son regard s'y arrêta plus encore lorsqu'il fut vainqueur.

On conçoit pourtant que j'étais peu curieuse de rencontrer Mamin à la sortie. Je disparus et j'allai gagner ma voiture à pied, afin de ne pas attendre le Marseillais sur l'escalier, où stationnait volontiers la foule élégante. Quand nous fûmes descendus, M. de Kératry qui plaisantait toujours (hélas ! il plaisanta même au pied de l'échafaud), s'écria : « Pauvre Mamin ! il espérait que du haut de ces gradins, vos belles mains lui décerneraient le prix du tournoi. » J'étais déjà montée en voiture ; ces messieurs m'accompagnèrent jusqu'à la porte de Sainte-Élisabeth. J'y rentrai préoccupée de l'idée chère, et extravagante à la fois, qu'avaient fait naître en moi ces paroles de Kératry : « Il est curieux de voir l'empire d'une « jolie femme sur un chef de brigands ; qui « sait si le dévoûment de celui-ci ne saura pas « se manifester pour quelque chose de plus « grave qu'un vaudeville ? »

Je passais rarement un jour sans voir madame de Sainte-Amaranthe. Le lendemain de la fameuse soirée, j'y arrivai comme on prenait le café. Je fus grondée de venir si tard.

M. de Morainville me plaisanta sur le siége du *Petit Sacristain*, entrepris pour me plaire. Je le priai de ne pas me considérer comme une alliée de Mamin. Nous nous égayions encore sur ce sujet, lorsqu'on annonce ledit Mamin à l'heure très-convenable des visites. L'entrée ne fut pas aussi malencontreuse qu'aurait pu l'être celle d'un homme à mauvaises manières et les exagérant encore à dessein dans un cercle distingué. Non, jusqu'ici, Mamin faisait patte de velours. On causa de la représentation de la veille. Je vantai l'habileté que le citoyen Mamin y avait déployée.

« Le désir de vous être agréable, citoyenne, dirigeait mon plan, il devait donc réussir ; je serai toujours disposé à satisfaire vos volontés, persuadé qu'une excellente patriote comme vous ne peut suivre que le bon chemin. »

D'après les sentiments proclamés par Mamin, je pouvais me croire en droit de lui manifester *une de ces volontés*. Celle-là m'agitait violemment depuis la veille. Je la lui exprimai donc avec une apparence intentionnelle d'étourderie dont voici la cause : mes paroles prononcées légèrement, devenaient ainsi moins compromettantes pour les amis qui m'entouraient. Ce fut donc presque en riant que je répondis à Mamin :

« Oh ! citoyen, vous y seriez dans ce bon chemin, en vous détournant de celui de Marat, pour suivre cette belle et droite ligne de la liberté, tracée par l'illustre citoyenne Roland[1]. »

A ces mots, Mamin devint livide, et il s'écria d'un accent furieux :

« Je porterais plutôt à Marat ta tête et celle de la Roland, que de me séparer du véritable ami du peuple ! » Puis se levant comme un forcené, il sortit.

Le lendemain, il fit contre moi au club des Cordeliers une dénonciation basée sur un ignoble mensonge. Je rougis de le transcrire

[1] Le 31 mai avait eu lieu, et madame Roland était en prison.

ici, mais la vérité m'y oblige. Le misérable prétendit que je lui avais offert mes bonnes grâces s'il m'apportait la tête de Marat. On me conseilla de ne point rentrer chez moi, et je fus, en effet, réclamer un asile chez la première bonne de mon enfance qui demeurait dans la petite rue Forès, derrière le Temple. Cette précaution ne fut pas inutile, car pendant quelques jours, des hommes à figures peu rassurantes vinrent me demander au concierge du couvent que j'habitais. Celui-ci, d'après mes ordres, répondit que j'étais à la campagne. Ce concierge, dont je connaissais le dévoûment, n'était pas le petit sacristain, mais bien un vieux sacristain de Sainte-Élisabeth.

Grâce au ciel, madame de Sainte-Amaranthe ne reçut aucun contre-coup personnel de mon imprudence ; seulement son désir de quitter Paris s'en accrut singulièrement.

Encore un mot sur Mamin. Quelques semaines après ma dernière rencontre avec lui, j'étais à l'Opéra-Comique. Je le vis entrer dans une loge en face de moi. Cette apparition me plaisait peu, et je me réfugiai dans un coin pour être moins en évidence. Madame Martinelli, femme d'un consul du Nord, à Boulogne, et le comte Grabowski m'accompagnaient. Ils me firent rideau autant que possible, mais madame Martinelli était belle, et le lorgnon de Mamin la distingua bien vite. Il m'aperçut, et je le vis gesticuler en digne Marseillais. M. Grabowski m'engageait à une retraite prudente; madame Martinelli n'approuvait pas cette fuite, qui me répugnait également. L'entr'acte n'était pas commencé, et nous hésitions encore, lorsqu'un jeune homme d'un extérieur distingué parut à l'entrée de la loge en disant :

« Madame Armande est-elle une de vous, Mesdames ?

— C'est moi, répondis-je.

— Retirez-vous donc à l'instant, reprit-il, et ne rentrez pas à votre domicile. Je viens d'entendre proférer contre vous des propos horribles par le plus féroce des Marseillais : J'emploierai, a-t-il dit, toute mon influence pour la faire arrêter; si je ne puis y parvenir, mes amis et moi y suppléeront. » L'obligeant inconnu, trouvant que la loge entièrement vide serait d'un mauvais effet, m'offrit son bras pour sortir de la salle. Je le remerciai, l'assurant que je ne bougerais pas en présence de Mamin. Il nous quitta, et quelques instants après, je me décidai à aller retrouver la rue Forès, que j'appelais ma petite maison. Elle me servait, certes, dans des circonstances moins gaies que celles qui faisaient rechercher ces asiles mystérieux du temps de Louis XV. Madame Martinelli prétendit que je devais varier mes déménagements, et elle me proposa l'hospitalité chez elle, rue Bergère. J'acceptai pour la nuit, et je fis bien. Le lendemain avant midi, Mamin, escorté de plusieurs de ses amis, vint me demander à Sainte-Élisabeth. Ne m'y trouvant pas, il jura et s'en alla. Il faut croire qu'il n'avait pu obtenir un ordre d'arrestation offrant quelque apparence de légalité, le club des Vieux-Cordeliers n'étant pas toujours en crédit près des sections, même les plus enragées. Ce fut la dernière hostilité directe de cet homme contre moi. Après le 9 thermidor, il fut un peu déporté, et tout à fait sous le Consulat. Entre ces deux actes de juste réaction, il vint trouver l'excellent M. Mounier. Il voulait avoir des nouvelles de son cousin Cresnée, dans la bourse duquel il avait puisé si souvent, et que pour cette seule raison, il avait ménagé. Avant de se retirer, Mamin lui dit :

« Et la citoyenne Armande, qu'est-elle devenue ? Oh ! je la nomme citoyenne, et je me trompe diablement, c'était pis qu'une aristocrate ; ce n'est pas ma faute si elle ne l'a pas dansée comme sa chère Roland, et tant d'autres qui le méritaient moins qu'elle.

— C'est étonnant, lui répondit M. Mounier avec une gravité qui lui était naturelle, l'intérêt que vous vous portez mutuellement ; elle me disait aussi dernièrement : Qu'est devenu ce scélérat de Mamin? J'espère qu'il aura été guillotiné, depuis que le règne des brigands est passé. »

Mamin feignit de rire :

« Qu'elle y prenne garde, reprit-il, nous pourrions nous retrouver. »

Grâce à Dieu, il n'en fut rien. Après plusieurs déportations bien méritées, Mamin revint en Provence où il est mort il y a peu de temps, chargé d'années et encore plus de l'exécration des honnêtes gens (D)[1].

Le désir de fuir Paris détermina madame de Sainte-Amaranthe à hâter son départ pour Sucy. La santé de M. Auccane, de plus en plus mauvaise, était bien aussi en première ligne dans cette décision. On remit la direction du n° 50 entre les mains de M. Mounier, qui la prit en son nom. Il semblait que la destinée de cet établissement fût d'appartenir à des personnes d'un caractère et d'une position trop hono-

[1] Ceci était écrit en 1849.

rables pour les fonctions qu'elles y remplissaient. C'était un homme probe et vraiment excellent que M. Mounier. Combien de services il a rendus de la façon la plus délicate et la plus généreuse! j'en appelle aux souvenirs de jeunesse de la maréchale Ney, alors mademoiselle Auguier, dont la mère, sœur de madame Campan, et femme de chambre de Marie-Antoinette, se jeta par la fenêtre en entendant crier la condamnation de la reine. Tous les membres de cette famille furent obligés par M. Mounier. Il eut aussi le bonheur d'être utile à madame de Beauharnais, depuis impératrice. Le marquis de Rostaing, ami particulier de Joséphine à cette époque, et qui a été consul à Cadix, recourut plus d'une fois à sa libéralité en faveur de l'aimable veuve.

Madame de Sainte-Amaranthe était si heureuse de dire adieu à Paris et au n° 50 que, dès les premiers jours de son installation à sa riante villa, l'impression soucieuse que j'avais remarquée sur ses traits se dissipa complètement. Dans cette modeste habitation, elle exerçait, plus efficacement que dans la grande ville, son noble penchant pour la bienfaisance ; elle se chargeait des vieillards et des malades. Amélie facilita plus d'un mariage villageois auquel la différence de fortune mettait obstacle. Puis, elle donnait de jolis bonnets, des robes d'indienne pour aller au bal de Sucy ; elle-même, afin de se populariser, disait-elle, mais un peu, je crois, afin de satisfaire sa passion pour la danse, y paraissait quelquefois. Elle ne recevait pas là les bruyants applaudissements qui la suivaient au Wauxhall et au Ranelagh ; mais les naïfs hommages dont elle était l'objet la touchaient plus encore par leur sincérité. La dernière fois que je l'y suivis, j'entendis deux jeunes paysannes se dire l'une à l'autre : « Regarde donc ses petits pieds, et cette bonne grâce, et ce grand air de reine, ce qui ne l'empêche pas d'être si gentille quand elle nous fait des cadeaux.

— Tiens, répondait sa compagne, comme

son frère, M. Lili, fait sauter Mariette ; qu'ils sont beaux, qu'ils sont bons dans cette famille ! Sommes-nous heureux qu'ils soient venus dans le pays. » Le pauvre Lili, le digne frère d'Amélie par sa beauté et son cœur parfait, conservait une sorte d'enfantillage un peu prolongé, mais qui n'était qu'un charme de plus. Sa mère disait en riant :

« Mon fils a l'entreprise des blouses pour les enfants du village et il paye les mois d'école ; quand il va porter ses dons, il est fort content d'emmener ses petits protégés (que l'on débarbouille le mieux possible) pour jouer à la boule avec lui. »

Parmi les aimables et agréables visiteurs qui venaient souvent voir ces dames à Sucy, Fleury était un des plus assidus. Heureusement, un des anciens habitués, Félix de Saint-Fargeau, ne s'y montrait que de loin en loin. Depuis la mort de son frère, assassiné comme régicide par le garde du corps Pâris, l'homme naguère si brillamment frivole était devenu un épouvantail de forme et de langage démagogiques. Madame de Sainte-Amaranthe, cependant, n'avait pas eu le courage de lui fermer sa porte.

Un jour, l'entrée d'une voiture élégante nous fit accourir sur le perron, et il en descendit, à notre grande joie, le comte de Morand, le petit M. Poirson, consul de France à Stockholm, dans les infiniment petits pour la taille, mais très-grandement aimable, et M. de Pressac, aide de camp du duc de Lauzun, un de mes causeurs de prédilection ; nos opinions se convenaient à merveille ; puis, il était si brave, des manières si parfaites, un caractère si honorable ! Le quatrième était le marquis de Fenouil, que j'ai nommé plus haut, très-joli homme, ancien officier aux gardes, et gendre de M. de Marbeuf. Le dîner fut charmant de conversation animée :

« En vérité, dit M. de Fenouil, si dans ce moment on pouvait crier : Vive quelque chose, je crierais : *Vive Sucy !* A Paris, nous ne saurions avoir un ensemble si complet d'agrément. On y sent toujours près de soi un point qui froisse.

— Vous avez bien raison, reprit madame de Sainte-Amaranthe, c'est pourquoi je me suis retirée dans mon Hermitage. Aussi, j'éprouve une vive contrariété d'être forcée d'en sortir pour aller passer trois jours à la ville. Joignez-y l'ennui d'y être sans mon cuisinier, le personnage le plus solennel de la maison.

— Mais, Madame, répondit M. de Fenouil, ayez la résignation, vous et votre famille, d'y vivre en garçons, et d'accorder à vos amis la faveur de vous recevoir. Vous permettrez que l'hospitalité ait lieu chez nos plus illustres restaurateurs; Méot sera mon chef, ne le dédaignez pas.

— Chacun plaide pour son saint, dit M. de Morand; je choisis Rose, dont je fais grand cas; je le chargerai de mes hommages gastronomiques, le jour où ces dames voudront bien me favoriser. Je réponds qu'il se distinguera : l'hôtel Grange-Batelière, qu'il habite, est magnifique ; nous y aurons un salon princier, et disposé de manière à nous permettre une liberté de causerie qui n'est plus à l'ordre du jour.

— Rose est une vieille connaissance à moi ; il a été mon cuisinier, reprit madame de Sainte-Amaranthe. Enfin, Messieurs, merci de vos aimables arrangements, qui faciliteront mes affaires de la matinée et nos soirées de spectacle[1]. »

Comme on ne devait passer que trois jours à Paris, MM. de Pressac et Poirson s'unirent pour nous recevoir chez Beauvilliers. Je dis *nous*, madame de Bordeaux et moi ayant été gracieusement invitées. Le pauvre Auccane, à notre grand regret, restait à Sucy, son état ne

[1] Ces détails sont indispensables pour amener la vérité sur le souper, soi-disant conspirateur de Danton avec la famille Sainte-Amaranthe, et dont il est parlé dans le rapport de Saint-Just, du 12 germinal 1794 (1er avril, vieux style). Ce rapport détermina l'arrestation de toute la famille.

lui permettant pas le mouvement de la voiture.

Paris avait une physionomie plus triste encore que lorsque ces dames l'avaient quitté. Madame de Sainte-Amaranthe en fut vivement impressionnée. Lili, avec l'imprévoyance de son âge, était tout content de ce petit voyage. M. et madame de Sartines, moins optimistes, paraissaient toutefois satisfaits. Le premier allait revoir, probablement, ses anciennes connaissances du théâtre. Amélie, accompagnée d'une jeune femme de chambre, fit d'assez longues séances chez madame Valandin, sa marchande de modes. Le fait est que son beau visage me parut resplendissant de l'air de Paris. Le premier soir, après le repas chez Méot, nous fûmes à l'Opéra-Comique : on donnait *Philippe et Georgette*.

« Spectacle demandé ? lui dis-je tout bas. » (J'étais parfaitement au courant.) Elle sourit. Le temps avait marché depuis la soirée du bouquet trop parfumé, et jamais Elleviou n'avait chanté avec une plus véritable tendresse : *O ma Georgette, toi seule embellis ce séjour !* et comme il était écouté !....

Le troisième jour eut lieu le dîner chez Rose; M. de Morand voulait, je crois, nous faire dire : Au dernier les bons! Hélas! nous le répétions tous !.... Nous arrivions le cœur joyeux, quand Rose parut avec un visage consterné, et s'adressant à madame de Sainte-Amaranthe :

« Que je suis malheureux, Madame! les préparatifs pour vous recevoir étaient faits dans le plus beau de mes salons, lorsque le citoyen Danton a fait commander un dîner, et préciser le local auquel il tenait. » Le pauvre Rose avait un accent désespéré en annonçant sa déconvenue. M. de Morand était mécontent; quant à madame de Sainte-Amaranthe, elle se mit à rire en disant :

« A tout seigneur tout honneur; donnez nos places au citoyen Danton, et ne vous en tourmentez pas trop; vous pourrez bien nous loger quelque part?

— Oh ! oui, Madame, au même étage, un salon assez joli, mais ce n'est pas celui que je voulais offrir à madame. »

Nous y entrâmes. Le dîner était splendide Il semblait que Rose voulût triompher de ses rivaux. Nous fûmes presque gais, un peu frivoles comme autrefois. Fleury, un des nôtres, n'avait jamais été aussi aimable. Nous devinâmes l'entrée de Danton et de ses convives à un bruit de paroles qui, malgré le voisinage, n'étaient pas distinctes, mais qui n'en interrompirent pas moins notre conversation ; nous la reprîmes bientôt. On était si heureux à cette époque de s'étourdir parfois !

« Ils sont plus graves que nous de ce côté, observa M. de Morand, en désignant le salon dantoniste. » Nous quittâmes le nôtre pour aller aux Français. On donnait *Paméla*. Quelques instants après notre installation, une loge s'ouvrit en face de nous.

« C'est Danton, s'écria M. de Pressac.

— Il nous poursuit, ajouta madame de

Sainte-Amaranthe. » Pendant l'entr'acte, il lui prit fantaisie de le voir de près.

« Chère belle, me dit-elle, voulez-vous venir avec moi? la loge à côté de la sienne est vacante, allons-y : Et toi Amélie?

— Oh! je reste, répondit madame de Sartines, avec un sourire dont l'extrême suavité n'excluait pas la malice; quand j'ai envie de voir des bêtes féroces, je vais au jardin du roi. »

M. de Pressac nous accompagna; il assurait, en riant, que Danton serait flatté s'il connaissait la cause de notre déménagement.

« Oui, reprit ma compagne, il croirait rallier tous les partis, en voyant royaliste et girondine voler sur ses pas! » Pauvre femme! elle semblait plus heureuse que je ne l'avais vue depuis longtemps, et ne prévoyait pas les interprétations funestes et mensongères qui seraient données à cette journée. Après être restée une moitié d'acte dans le voisinage de Danton, elle me dit :

« J'en ai assez, et vous ?

— Moi, j'en ai trop, répondis-je. » Se tournant alors vers notre chevalier, elle lui adressa assez haut les paroles suivantes :

« Décidément, notre première loge était meilleure, il faut y retourner. » Ces mots avaient pour but d'ôter toute portée intentionnelle de notre apparition près de Danton, lui et ses amis ayant naturellement jeté les yeux sur deux femmes élégantes. Voilà, je le jure, les uniques rapports qni existèrent entre la famille Sainte-Amaranthe et Danton ; ils dînèrent, le même jour, chez Rose dans deux salons fort séparés. J'accorde que l'on conspirait peut-être dans celui du fameux chef de parti ; mais certes, dans le nôtre, nous étions paisibles, presque gais, ce qui était beaucoup, pour une journée de 93.

Maintenant, je vais avoir à raconter divers incidents romanesques, les uns plaisants, d'autres terribles, dont j'ai été témoin. Je ne me croirais pas le droit d'indiquer les premiers, s'ils ne s'enchaînaient à cette horrible catastrophe, retracée de nos jours sur des données tellement fausses, qu'elles pourraient altérer le profond intérêt dont étaient si dignes ces innocentes victimes de la Terreur. Je suis leur contemporaine, j'étais leur amie; je regarde comme un devoir pour moi, et comme une justification méritée pour la mémoire de la belle et si regrettable Amélie, de déclarer, en réponse à d'odieuses suppositions, qu'il n'existait pas d'autre préoccupation dans son âme que sa vive tendresse pour un des hommes les plus séduisants de l'époque.

Le lendemain du dîner chez Rose, nous repartîmes pour Sucy, et peu de jours après, nous y apprîmes l'arrestation de Fleury ainsi que celle de presque tous les acteurs de la Comédie-Française; ce fut le 4 septembre 93, à la suite d'une représentation de *Paméla*. Madame de Sainte-Amaranthe, qui avait pour Fleury un attachement profond, en éprouva un grand saisissement, mais elle espérait que cette mesure ne serait que passagère. Il fallait bien, d'ailleurs, affecter une sorte de sérénité; son dévoûment à M. Auccane, de plus en plus souffrant, lui prescrivait une apparente tranquillité, le meilleur des calmants pour les pauvres malades.

S'il était possible de plaisanter sur le mot *conspiration*, je dirais, qu'il est très-possible que pendant son séjour à Paris, Amélie, dont les rendez-vous avec Elleviou avaient été fréquents, ait organisé la petite conspiration suivante : c'est qu'il viendrait à Sucy tous les soirs où il ne serait pas obligé de faire acte de présence au théâtre. Elle lui recommanda de se déguiser pour éviter que sa tournure élégante ne fût remarquée, si on le rencontrait dans ses courses nocturnes. Elle lui indiqua minutieusement les allées et les sentiers du jardin ; la disposition des lumières était le signal convenu pour pénétrer dans l'appartement par l'escalier de service.

Amélie se retirait souvent chez elle de sept à

neuf heures, pendant l'éternel piquet, suivi du divertissant trictrac de madame de Bordeaux et de M. de Sartines. L'un et l'autre y mettaient une si grande importance qu'il n'y avait pas à craindre de leur voir abréger le plus agréable passe-temps de leur journée. Lili, avant de commencer sa lecture à haute voix, jouait au billard avec M. Auccane, qui promptement fatigué, venait s'étendre sur la chaise longue placée près du canapé de madame de Sainte-Amaranthe, où nous faisions, elle et moi, une partie d'incessantes causeries. Elle me reprochait souvent mes distractions, car, je l'avoue, le motif des absences d'Amélie me tourmentait vivement. Le plus léger incident pouvait amener un fâcheux éclat et troubler ainsi le seul bien dont on pouvait jouir alors, le repos de l'intérieur. On verra, par le récit qui va suivre, si mes appréhensions étaient fondées.

Un soir de fin de décembre, madame de Bordeaux et M. de Sartines jouaient au piquet. Amélie était remontée chez elle et Lili tenait déjà son livre d'une main, tandis que l'autre main, selon son habitude, se réunissait à celle de sa mère. Tout à coup, nous entendons des chants, des cris bruyants et presque aussitôt sonner à la grille; c'était un détachement de l'armée révolutionnaire qui parcourait les bonnes maisons pour s'emparer des batteries de cuisine, afin, soi-disant, de les transformer en canons. Je n'ai pas besoin d'affirmer que ce ramas de piques et de bonnets rouges ne comptait aucun véritable soldat dans ses rangs. On ouvrit. Il y eut d'abord une ronde dans la cour, ensuite, invasion dans les cuisines où le pillage s'organisa ; puis, un des chefs s'écria d'une voix tonnante.

« Dans plus d'un château, nous avons découvert, cachés sous des lambris dorés et de précieuses tapisseries, les objets de nos recherches ; ouvrez donc les salons ou nous enfoncerons les portes. » On présume bien que nous n'avions pas continué nos paisibles occupations.

« Amélie n'est pas descendue, s'écria sa mère, et ces gens parlent de visiter la maison ; allons près d'elle. »

D'après les confidences positives et entières d'Amélie, l'armée révolutionnaire n'était pas ma seule inquiétude. Le visiteur de Paris devait être arrivé, et certes n'avait pu s'évader au premier bruit, car la sortie sur le jardin était entourée de paysans et de ces hommes à piques qui faisaient sentinelles. Lili montait l'escalier quatre à quatre ; M. de Sartines beaucoup plus tranquillement ; enfin, nous apercevons Amélie presque souriante et debout près de la porte d'une pièce qui précédait sa chambre à coucher. Nous n'avions plus que deux marches à franchir lorsque nous fûmes assaillis par un flot de conquérants. Celui qui se préparait à faire l'orateur resta tellement frappé de la beauté d'Amélie, qu'il en porta, ma foi ! sa main à son bonnet, avec l'intention d'un salut. Puis il lui déclara sa volonté formelle d'une perquisition.

« Comment, dit-elle, l'air plutôt gai qu'irrité ou inquiet, vous cherchez des casseroles et autres agréments pareils dans l'appartement d'une jeune femme? Vous n'y trouverez que des cartons, des fleurs, des rubans; j'en ai des bleus, des rouges, des blancs, et je vais vous en donner pour faire des cocardes.

— Vive la belle, la bonne citoyenne! » répétèrent de toute leur force ces personnages éblouis et charmés. Je crus un moment, d'après l'étrange sang-froid d'Amélie, que l'hôte mystérieux avait trouvé moyen de disparaître.

Je n'eus pas longtemps cette rassurante illusion. Les révolutionnaires les plus pressés se précipitèrent dans la chambre se tenant par la main, afin de réaliser l'intention d'une danse joyeuse, qu'ils commencèrent à exécuter, tandis qu'Amélie prenait dans une armoire des rubans à pleines mains. Je feignais de l'aider, et je lui lançai un regard interrogatif; le sien sembla répondre : Il est là sous le lit. Des draperies tombaient jusqu'à terre. Que de chances pour qu'elles fussent levées! Car, non-seulement les danseurs carmagnolistes remplissaient la chambre, mais il s'y trouvait encore M. de Sartines, et les grands-parents. La horde révolutionnaire, subjuguée, je crois, par la beauté d'Amélie, ne se permit aucune recherche, et cria de nouveau : « Vive la belle citoyenne! » quand elle leur fit sa distribution de rubans. Aussitôt après, ils sortirent, la plupart ôtant leur bonnet rouge, les autres, faisant un salut militaire. Ils ne tardèrent pas à quitter entièrement la maison, et nous à regagner le salon. Madame de Sainte-Amaranthe félicitait sa fille sur sa courageuse présence d'esprit, lorsque lui prenant la main, elle s'écria :

« Comme tu es brûlante, chère enfant! ta pâleur est plus grande encore que tout à l'heure? » Au reste, on serait ému à moins. Amélie répondit qu'elle ne souffrait point, mais qu'elle allait remonter quelques instants chez elle, et qu'elle redescendrait promptement. En effet, elle nous rejoignit bientôt, et elle trouva moyen de me dire : qu'après le départ de la bande chargée de casseroles et de rubans, Elleviou s'était échappé et avait regagné Paris : le lendemain, j'allai y passer quelques heures. Je vis Elleviou qui, m'avoua avoir eu grand' peur dans son aimable cachette.

Le sort de ce brillant Elleviou devait s'associer pour toujours dans mes souvenirs à celui d'Amélie. Je n'oublierai jamais les belles paroles qu'elle prononça dans un entretien intime que nous eûmes ensemble peu de temps avant la catastrophe. Après avoir proclamé son indifférence pour son mari, ainsi que sa passion vive et profonde pour un homme qui réunissait tous les genres de séduction, elle me révéla le projet qu'elle avait formé de rompre ses premiers liens et d'épouser l'objet de son choix.

« Mais vous pensez bien, ajouta-t-elle en relevant sa noble et charmante tête, que tant qu'il y aura du danger à porter le nom de Sartines, je ne le quitterai pas, ou l'effroyable tempête nous engloutira tous ou elle se calmera ; alors ma vie appartiendra à Elleviou et son nom sera le mien ; ces espérances font le charme de son existence, mais, hélas ! se réaliseront-elles ? »

Le dépit, on pourrait même dire la rage de Clotilde, de n'être plus l'objet préféré, se signala par des témoignages visibles. Elleviou rompit alors ce degré d'intimité que constitue une habitation commune. Clotilde le supplia de lui donner au moins quelques moments chaque jour. Elle ne pouvait comprendre, disait-elle en pleurant, une séparation complète entre elle et l'objet de ce premier amour, si loin d'être éteint dans son cœur. Ses larmes, ses paroles étaient sincères, leur expression simple et touchante ; Elleviou en fut ému. Cependant, Clotilde avait une mauvaise nature, et peu de mois après, elle commit froidement une action atroce, que la jalousie la plus effrénée ne pouvait pas même excuser. Jetons un voile sur ces dernières pensées ; si je dois en donner l'explication, hélas ! elle ne viendra que trop tôt !...

Elleviou parfaitement libre maintenant et ne trouvant de bonheur que près de la femme qu'il idolâtrait chaque jour davantage, multipliait ses absences. Aussi ses déguisements et ses rendez-vous répétés, finirent-ils par être remarqués à Sucy. Abusant de l'affection de ses camarades et de l'indulgence du public dont il était l'enfant gâté, il se récriait contre les exigences du répertoire, où on le faisait figurer sans cesse, disait-il. Un jour il s'en plaignit à Chenard. Il existait entre eux une sincère amitié, malgré le contraste de leurs manières et de leurs opinions, car Elleviou était bien un peu aristocrate, et Chenard assez rudement démocrate ; mais son excellent cœur le préserva toujours de participer à des actes de cruauté. Il écouta la plainte d'Elleviou.

« J'allais te parler à ce sujet, répondit-il. On ne peut mettre sur l'affiche quand tu refuses de jouer dans telle ou telle pièce : Retardée par indisposition du citoyen Elleviou ; non, ma foi ! tu te portes à merveille, et trop souvent, en digne chevalier errant, tu fais de longues courses nocturnes. Je dis trop souvent, parce qu'elles compromettent d'une manière, non-seulement grave, mais funeste, la noble dame objet de tes visites. Tes déguisements sont variés, il est vrai, toutefois ils ont été remarqués de quelques mauvais drôles du pays et des environs ; et, ajouta Chenard en donnant à sa voix un accent plus pénétrant, ces drôles sont en relation avec un homme astucieux et méchant, qui jouerait plus au naturel les rôles de traîtres que ceux de niais, avec Trial enfin. Il ne t'aime pas, et encore moins la famille Sainte-Amaranthe, qui a refusé de le recevoir malgré l'importance dont il jouit dans sa section. Divulguer ton nom serait seulement un incident romanesque d'une insignifiante portée, mais on veut frapper plus haut, et on affirme que l'amant mystérieux est Danton, qui vient organiser chez les belles dames la chute de Robespierre. On dit encore que le premier acte du complot s'est joué chez Rose.

— Ainsi, on me prend pour Danton ? Il y a vraiment de la ressemblance, s'écria Elleviou, ne pouvant s'empêcher de sourire.

— Ne fais pas le fat, répliqua Chenard ; ceci est tellement sérieux que je t'invite à te rendre au comité de salut public, pour y déclarer que ce n'est pas Danton qui, déguisé, escalade les murs du jardin mais bien toi, et que la politique est complétement étrangère à tes visites. »

Malheureusement, Elleviou, par une délicatesse qu'on pourrait peut-être appeler outrée dans de telles circonstances, ne suivit pas ce conseil. La légèreté de son caractère l'empêcha d'ajouter une croyance entière aux avertissements de Chenard. Avec quelle désolation il m'en parla après la catastrophe !

L'horizon de Sucy s'assombrissait de l'état de la France entière. Une bienfaisance continue, la tendresse des liens de famille, et, pour la pauvre Amélie, quelques rares moments de bonheur, y répandaient encore de doux rayons de soleil, qui pourtant s'affaiblissaient chaque jour davantage. Les aimables visiteurs ne parcouraient plus, comme autrefois, la route de Sucy : MM. de Morainville, de Pressac, de Morand étaient en prison ; d'autres n'y avaient échappé qu'en se cachant dans d'hospitalières retraites, d'autres encore avaient émigré. La captivité de Fleury se prolongeait, ce qui n'était pas un des moindres chagrins de madame de Sainte-Amaranthe. Mais sa grande préoccupation, nous devons le dire à sa louange, avait pour objet l'état de M. Auccane, menacé d'une seconde opération de la pierre, terrible maladie mieux traitée aujourd'hui, n'en déplaise au frère Côme, le grand opérateur de l'époque.

Nous étions loin de considérer comme une distraction la venue de Félix de Saint-Fargeau, qui apparaissait encore de loin en loin. Jamais je n'oublierai sa dernière visite, qui fut aussi odieuse qu'extravagante. En voici le début : après m'avoir saluée, il m'adressa, d'un ton railleur, un compliment de condoléance sur la mort de l'illustre madame Roland, dont il me savait fervente admiratrice ; puis, il ajouta : « Vraiment, on aurait dû lui donner pour dames d'honneur les citoyennes Condorcet et Armande (Armande était mon prénom.)

— C'eût été une gloire pour moi, Monsieur, répondis-je très-gravement.

— Félix, reprit madame de Sainte-Amaranthe, je veux croire que vous êtes devenu fou depuis la mort de votre frère, sans cela je vous considérerais comme un homme exécrable, qu'il faut fuir au lieu de l'écouter. Que signifient ces paroles adressées à ma jeune amie ?

— Ah ! s'écria Félix, en portant la main à son front, ces assassins de royalistes m'ont exaspéré, j'en conviens, et sans ce que je dois à ma nièce République[1], ce trésor que mon malheureux frère m'a légué, je n'aurais pas la

[1] La Convention l'avait adoptée comme fille de la république.

force de survivre à ce grand citoyen (E). Elle est d'une beauté rare, ma nièce ; elle sera ma femme, et son âme est celle d'une vraie patriote. Pauvre petite ! hier, voulant la distraire, je lui proposai de la conduire à l'Opéra, pour voir le ballet de *Pâris* · « Merci, me répondit-elle avec simplicité ; je préfère aller à la société des Jacobins. » C'est charmant, n'est-ce pas ? »

Amélie sourit, sa mère haussa les épaules. On annonça le dîner. Félix nous donna bientôt un nouvel échantillon du changement survenu dans sa tenue, autrefois si exquise et qui l'avait fait surnommer l'Alcibiade français. Il prit des couteaux, les lança en l'air, et, sans leur laisser le temps de retomber, les lançait de nouveau à la façon des jongleurs indiens.

« Un jeu de couteaux, dit madame de Bordeaux, c'est bien là un jeu de jacobin ; est-ce ainsi, Félix, que vous espérez séduire votre nièce et la décider à vous épouser ?

— Oui, je serai son mari, répondit-il en frappant du poing sur la table comme un furieux ;

là où la séduction échoue, la violence réussit.

— Songez, dit madame de Sainte-Amaranthe, que vous parlez devant des femmes et devant mon fils, qui est presque un enfant. »

Heureusement, la visite de Félix ne se prolongea pas, et il repartit le soir de bonne heure pour Paris.

Jamais je n'avais été plus assidue près de la famille Sainte-Amaranthe, si éprouvée alors de toutes façons. Hélas! les chagrins personnels ne me manquaient pas non plus; mais il est certain que nous trouvions mutuellement un sentiment consolateur dans notre réunion. Madame de Bordeaux elle-même, si longtemps aigre pour moi, s'était singulièrement adoucie; elle me pardonnait, disait-elle en riant, ce qu'elle appelait mon péché de 89, désignant ainsi mon enthousiasme pour la grande révolution, que je salue encore avec respect et amour; elle me le pardonnait, dis-je, en faveur de mon exécration pour 93.

Je m'absentais souvent de Sucy pour voir e

embrasser mon père. Dans la première décade de germinal, je vins passer vingt-quatre heures à Paris; retenue deux jours de plus que je ne comptais, je prévins madame de Sainte-Amaranthe; car, à cette époque, on pouvait toujours craindre un événement fatal. Enfin, le matin du 12 germinal (1er avril), je retournai chez mes amis. On n'eût pas deviné le printemps à la vue de ce ciel brumeux et glacial. Amélie et son frère accoururent au-devant de moi; leur mère les suivait, et, me donnant un baiser sur le front, elle me dit, d'une voix abattue :

« Vous allez être bien surprise : je suis fâchée, très-fâchée de vous voir.

— Vraiment, répondis-je en souriant, je ne m'y attendais pas; autrement, j'aurais supporté moins vaillamment le froid qui me glace.

— Ah! grondez bien maman, s'écria Amélie; si vous saviez comme elle devient superstitieuse. C'est un rêve qui vous a valu cet agréable bonjour. »

Madame de Sainte-Amaranthe secoua tristement la tête.

« C'est trop pour la faiblesse humaine, continua-t-elle, que d'effroyables songes viennent se mêler aux terribles réalités de chaque jour. J'ai rêvé, à deux reprises différentes, que j'accouchais de trois chauves-souris ; je ne puis vous exprimer la terreur de mon réveil, et cette terreur prend la forme d'un pressentiment qui m'obsède[1]. »

La pauvre femme! comme elle était pâle! que son regard était plein d'effroi! Elle finissait à peine ce triste récit, lorsque Lili lui prenant la tête et baisant ses joues à plusieurs reprises :

« Regarde-toi, lui dit-il, regarde-nous aussi, Amélie et moi, et conviens que nous ne ressemblons point du tout, du tout, à ces vilains et sinistres oiseaux. »

[1] J'affirme sur l'honneur que ce rêve me fut conté par madame de Sainte-Amaranthe, et tout ce que je rapporte dans ces pages est de la plus scrupuleuse exactitude.

Les caresses, la plaisanterie de son fils ne ranimaient pas la malheureuse mère. M. Auccane se fit descendre dans un fauteuil pour dîner. Ce dîner fut triste ; l'attitude douloureuse de notre chère hôtesse, si différente ce jour-là d'elle-même, répandit une sombre influence sur nous tous, M. de Sartines excepté, qui, dans son insouciance et son apathie habituelles, ne renonça ni à faire sa partie de billard, ni à contenter son robuste appétit. Sa belle-mère lui dit, à ce sujet, quelque chose d'assez dur ; car elle n'éprouvait pour lui aucune sympathie. Il y a, dans la vie intime, mille choses qui froissent, qui irritent, et qui, racontées, ne paraissent que des puérilités ; par exemple, et à propos de M. de Sartines, ses perpétuelles citations d'opéra-comique (hélas ! il en fit une bien touchante en montant à l'échafaud !) qu'il appliquait à toutes choses, crispaient madame de Sainte-Amaranthe jusqu'à la colère. Il avait dû prendre cette insipide manie dans ses liaisons avec mesdemoiselles Denise, Adeline, et bien d'autres, qui lui firent manger plus de 30,000 livres de rentes.

En sortant de table, on reprit les occupations ordinaires du soir. Lili avait déjà commencé *Jenny Lindsay*, roman de madame Riccaboni, pendant que l'on jouait au billard dans la pièce à côté, dont nous n'étions séparés que par une glace sans tain, lorsqu'on sonna à la grille. On ouvre, et nous voyons un groupe de quelques hommes, à figures sinistres, pénétrer dans la cour. Le souvenir de l'invasion opérée par l'armée révolutionnaire n'était certes pas tranquillisant ; eh bien ! le mouvement répété de la cloche, que l'on agitait avec force, les chants, même les cris, ne nous causèrent pas un aussi sombre saisissement que l'entrée de ces personnages, à la démarche grave, affectant une sorte de solennité. Ce fut ainsi que s'avancèrent les membres du comité révolutionnaire de Sucy : plusieurs portaient l'écharpe tricolore ; celui qui marchait en tête annonça, au nom de la loi, qu'on allait faire une visite domiciliaire; puis, par ordre du comité de salut public, procéder à l'arrestation du citoyen Auccane, de la citoyenne Sainte-Amaranthe, de son fils, du citoyen, de la citoyenne Sartines, et de toutes les personnes suspectes qui seraient dans la maison. La tristesse vague, qui nous avait enveloppés pendant cette journée, fit place tout à coup à une courageuse résignation. Tandis que l'on plaçait une table pour écrire les interrogatoires, je remarquai que le président avait jeté un regard sur moi, en laissant échapper un mouvement de surprise. Son visage ne m'était pas inconnu, et cependant rien d'une ancienne rencontre ne se présentait à mon esprit.

Enfin, m'adressant directement la parole, il me dit :

« Comment, citoyenne D... (m'appelant de mon nom de famille), avec ta réputation de très-bonne patriote, te trouves-tu dans cette maison?

— Parce qu'elle n'est remplie que de très-bons patriotes, répondis-je. »

Ces paroles furent prononcées d'un accent vif et ferme, malgré l'émotion que me faisait éprouver une multitude de souvenirs d'enfance, se retraçant à ma mémoire dans l'espace d'une demi-minute. Je venais, en effet, de reconnaître, dans ce président, le concierge du château de Sucy, dont le propriétaire était M. Ginoux, administrateur des domaines, ami et collègue de mon père[1]. Ce double titre avait établi, entre nos familles, des relations continuelles. Bien des beaux jours s'étaient écoulés, pour moi, sous les magnifiques ombrages du parc de Sucy ; comme j'y jouais, de bon cœur, avec leur héritière ! Nos joies redoublaient en admettant à nos jeux les enfants, fort gentils, fort bien élevés, du concierge. Ma mère, quand elle passait près de nous, les re-

[1] Cette propriété appartient encore à la famille Ginoux (1849).

marquait, et, avec une aménité charmante, en faisait compliment aux parents, qui, moins croyants qu'on ne l'est devenu depuis dans les principes d'égalité, étaient fiers et reconnaissants de ces louanges. Quand je revins à Sucy, jeune femme de treize ans, le bon concierge mettait le chapeau encore plus bas devant la petite madame, que lorsqu'elle n'était que mademoiselle Lucile, nom si doux de la plus heureuse époque de ma vie. Il se trouvait surtout grandement flatté de me voir continuer à prendre le bras de sa fille, avec la même familiarité qu'autrefois. Pendant mon dernier séjour au château de Sucy, mon ciel bleu s'était chargé de nuages, et je n'y retournai pas après ma séparation avec M. de B... Chose étrange ! je n'avais accordé depuis aucun souvenir à ces beaux lieux, même pendant mes visites si souvent renouvelées à la villa de madame de Sainte-Amaranthe ; mais le jour si solennel du 12 germinal me fit, je le répète, parcourir dans une minute quinze années de mon existence. L'impression en fut tellement dominatrice, qu'il m'est impossible, à un demi-siècle de distance, de ne pas la consacrer ici.

Après les premières formalités et les interrogatoires d'usage, le président du comité et trois autres membres se rendirent chez M. Auccane. Il venait d'être opéré de la pierre pour la seconde fois, aussi fut-on obligé de le transporter près de son bureau ; on n'y trouva rien de compromettant, circonstance qu'on se garda bien de mentionner. Dans le secrétaire de madame de Sainte-Amaranthe furent saisies plusieurs petites gravures, précieusement enveloppées, représentant deux jolis enfants de sexe différents, et que l'on déclara être les portraits du fils et de la fille de Louis Capet et de Marie-Antoinette. Vainement la pauvre mère soutint que c'étaient ses enfants à l'âge de cinq et sept ans, et certes ces portraits ressemblaient encore à leurs véritables modèles plutôt qu'aux prisonniers du Temple ; n'importe, on appuya beaucoup sur cette preuve d'aristocratie, qui indiquait clairement l'opinion de madame de Sainte-Amaranthe et celle de sa famille. Elle fut donc accusée de se joindre aux conspirations formées contre la république, soit par les émigrés de Coblentz, soit par les traîtres, plus dangereux encore, qu'on avait découverts au sein même de la Convention[1]. Dans le petit bureau de Lili, on saisit aussi un recueil de chansons patriotiques, deux brochures à l'usage de la jeunesse, pas précisément rouges, comme on dit aujourd'hui, mais tricolores assez foncées, pour mériter un sourire approbateur de ces forcenés démagogues. Un d'eux eut la bonne foi d'observer qu'il faudrait en faire mention :

« — Bah! s'écria un autre, cela a été mis exprès. » Ainsi tout ce qui devait être favorable

[1] Le dîner chez Rose, dans le voisinage de Danton, fut le fondement de cette calomnie. Elle devint le premier pas qui conduisit la malheureuse famille à l'échafaud.

fut écarté avec une persistance inouïe. Un instant madame de Sainte-Amaranthe voulut sortir de la pièce où nous étions réunis ; on se leva pour la suivre, elle se rassit. Mais remarquant qu'Amélie et moi étions moins surveillées, elle trouva moyen de nous dire :

« Montez dans ma chambre; derrière la gravure de la République, prenez des actions de la banque d'Angleterre qui y sont cachées, et remettez-les à mon fidèle Cresnée. » Cela s'exécuta plus facilement que je ne l'aurais prévu. Nous détachâmes cette République, dont la tête, vraiment charmante, servait de palladium au précieux dépôt. Le premier mouvement d'Amélie fut de se jeter à mon cou en s'écriant :

« Comme il va être affligé, mon pauvre ami!... Promettez-moi de le voir demain, car, je l'espère, la protection de l'ancien concierge vous sauvera. Enfin, vous direz à mon mille fois cher Ellevion qu'il sera ma plus douce pensée. » Dans ce moment, Cresnée vint activer l'opération dont nous étions chargées, et reçut le dépôt avec une expression silencieuse équivalant au serment de le restituer à ses légitimes possesseurs[1]. Nous redescendîmes. L'instruction fatale continuait; on écrivait encore, lorsque le bruit d'une voiture se fit entendre. Un des hommes du comité sortit et revint bientôt en disant avec simplicité :

« Le citoyen D.... envoie chercher sa fille, pour la ramener à Paris.

— J'ignore si je suis libre de partir, répondis-je; mais je le serais que je ne le ferais pas en ce moment. » Amélie me serra la main. Après cette déclaration, j'aperçus, mêlé parmi les serviteurs de la maison, Houdin, le valet de chambre de mon père. Pauvre homme! sur sa

[1] Et il tint ce serment. Tous ne furent pas aussi loyalement fidèles. Des titres de 100,000 fr., placés sur la banque d'Angleterre, avaient été confiés à un noble personnage, seulement noble par son origine, son titre, sa position dans le monde, car plus tard il nia le dépôt, C'était le comte ou le marquis D..., un des intimes de madame de Sainte-Amaranthe, ancien page de Louis XV.

figure, il y avait comme un reflet de l'anxiété où devait être son maître. J'en eus un battement de cœur de plus, tout en ne comprenant pas comment mon père avait été si promptement instruit de l'événement de Sucy. Bientôt, quelques-uns des commissaires, toujours le président en tête, passèrent dans la salle de billard. Ils en fermèrent la porte, mais la glace sans tain nous séparait seule du terrible jury, et nous pouvions, sans comprendre les paroles, nous effrayer des gestes animés qui les accompagnaient.

Lorsqu'ils rentrèrent, le président lut à haute voix, l'ordre du comité de salut public, qui ordonnait l'arrestation immédiate de toute la famille Sainte-Amaranthe. Quant au citoyen Auccane, son état prouvait suffisamment qu'on ne pourrait le transporter sans péril, et comme ce péril compromettrait l'importance des aveux qu'on saurait bien obtenir de ce dangereux conspirateur, il resterait provisoirement à Sucy, sous la surveillance de quatre gendarmes, et du comité révolutionnaire de l'endroit.

« Laissez-moi les suivre, que je meure avec eux! s'écria le désespéré Auccane.

— Mon ami, dit madame de Sainte-Amaranthe, j'exige que vous cédiez à l'humanité du citoyen, et elle appuya sur le mot humanité.

— Ne nous crois pas capables de pitié envers les scélérats qui conspirent contre la république, vociféra un vitrier nommé Breton, le plus furieux de tous.

— Écoutez, cria le président en frappant du poing sur la table : les citoyennes D... et Bordeaux sont déclarées suspectes : mais à cause du mauvais état de leur santé, elles peuvent retourner à Paris; toutefois, les comités de leurs sections seront invités par celui de Sucy à exercer sur lesdites citoyennes une active surveillance. »

Il y avait bien quelque apparence de vérité dans cette considération de santé, car, éprouvée à cette époque par de bien vives sollicitudes, je ne rappelais guère la jeune Lucile si fraîche et si rose qu'avait connue le ci-devant concierge. Quelles que fussent les souffrances de madame de Bordeaux, il est certain qu'elle n'aurait pas participé à la mesure si adoucie dont j'étais l'objet, si mon protecteur du 12 germinal n'eût pas trouvé moins compromettant de donner son appui à deux personnes qu'à une seule. Il demanda nos adresses. Je dis, avec bêtise de conscience, cette véritable adresse, et comme je commençais à connaître les mouvements de physionomie de l'ancien concierge, je vis que mon exactitude lui déplaisait fort. Bientôt on pressa brutalement le départ de nos malheureux amis. Malgré les angoisses de leurs cœurs brisés, il y eut, comme je l'ai déjà dit, l'apparence d'une véritable résignation ; nous ne voulions pas donner aux méchants qui nous entouraient la joie de toutes nos douleurs. Madame de Sainte-Amaranthe serra plus d'une minute sur son fut écarté avec une persistance inouïe. Un instant madame de Sainte-Amaranthe voulut sortir de la pièce où nous étions réunis ; on se leva pour la suivre, elle se rassit. Mais remarquant qu'Amélie et moi étions moins surveillées, elle trouva moyen de nous dire :

« Montez dans ma chambre ; derrière la gravure de la République, prenez des actions de la banque d'Angleterre qui y sont cachées, et remettez-les à mon fidèle Cresnée. » Cela s'exécuta plus facilement que je ne l'aurais prévu. Nous détachâmes cette République, dont la tête, vraiment charmante, servait de palladium au précieux dépôt. Le premier mouvement d'Amélie fut de se jeter à mon cou en s'écriant :

« Comme il va être affligé, mon pauvre ami !... Promettez-moi de le voir demain, car, je l'espère, la protection de l'ancien concierge vous sauvera. Enfin, vous direz à mon mille fois cher Ellevion qu'il sera ma plus douce pensée. » Dans ce moment, Cresnée vint action appuya beaucoup sur cette preuve d'aristocratie, qui indiquait clairement l'opinion de madame de Sainte-Amaranthe et celle de sa famille. Elle fut donc accusée de se joindre aux conspirations formées contre la république, soit par les émigrés de Coblentz, soit par les traîtres, plus dangereux encore, qu'on avait découverts au sein même de la Convention[1]. Dans le petit bureau de Lili, on saisit aussi un recueil de chansons patriotiques, deux brochures à l'usage de la jeunesse, pas précisément rouges, comme on dit aujourd'hui, mais tricolores assez foncées, pour mériter un sourire approbateur de ces forcenés démagogues. Un d'eux eut la bonne foi d'observer qu'il faudrait en faire mention :

« — Bah! s'écria un autre, cela a été mis exprès. » Ainsi tout ce qui devait être favorable

[1] Le dîner chez Rose, dans le voisinage de Danton, fut le fondement de cette calomnie. Elle devint le premier pas qui conduisit la malheureuse famille à l'échafaud.

sein M. Auccane, et lui, faisant de grands efforts de courage, ne laissa pas échapper un seul de ces sanglots déchirants, qu'après il n'eut plus la force de contenir. Quant à Lili, aimable, excellent enfant, il baisait les joues, les mains de son premier ami ; ah certes ! l'avenir à ses yeux n'était pas l'échafaud ! Dans l'illusion propre à son âge, à son heureux caractère, il rêvait un prochain retour à la riante villa.

« Soigne-toi bien, ami, disait-il, pour venir au-devant de nous !...

— Que votre dévoûment ne vous rende pas imprudente, murmura à mon oreille madame de Sainte-Amaranthe en m'embrassant. » La dernière caresse d'Amélie fut accompagnée de ces mots :

« Vous me promettez de le voir bientôt ?

— Demain, répondis-je. » Madame de Bordeaux me dit à voix basse :

« Vous avez beaucoup d'empire sur Lili, recommandez-lui de bien se comporter dans la maison d'arrêt où il trouvera fort bonne compagnie. Qu'il perde surtout la détestable habitude de chantonner ou de siffler *la Carmagnole.* » Pauvre Lili! il m'embrassa de tout son cœur d'adolescent, et je me gardai de lui répéter l'étrange et ridicule exhortation de sa tante.

Il était alors près de minuit. La voiture qui emmenait les prisonniers était entourée de gendarmes : un des membres du comité de Sucy y monta pour les accompagner. Nous étions sur le perron, où l'on échangeait les derniers serrements de mains. Madame de Bordeaux pleurait, la fidèle Cresnée s'enfuit en criant :

« Adieu, ma bonne maîtresse; adieu, ma belle petite Amélie que j'ai tant bercée!... »

Déjà la voiture avait passé la grille; mon cœur était trop serré, je ne pouvais pleurer. Appuyée contre la rampe, et en proie à des spasmes violents, je n'aurais pas résisté une minute de plus, si le bon Houdin ne m'eût dit :

« Madame, songez aux inquiétudes de votre père; je ne puis vous les dépeindre. Il a été prévenu des tristes événements de Sucy par le citoyen Bouigues (F). Jugez de ses alarmes s'il voit la nuit s'avancer sans que vous soyiez de retour. Si vous saviez, Madame, combien sa voix tremblait en répétant : « Surtout ramenez ma fille ! » A ces paroles, je retrouvai des larmes.

Hélas ! j'avais bien besoin de cette douce consolation d'embrasser mon père. J'assurai Houdin que j'allais partir, car je ne pensais pas qu'on me permît de rester longtemps avec M. Auccane. Je rentrai près de lui. Que sa douleur était déchirante !

« Moi, s'écriait-il, entouré de tant d'affections, on me les enlève toutes, toutes à la fois ! » Il pleurait, sanglotait avec un tel abandon, que c'était plutôt le désespoir d'un cœur de femme que celui de l'homme ferme, courageux, que j'avais connu. Il remarqua combien j'étais pénétrée, baisa mes mains à plusieurs reprises, en disant :

« Vous les aimiez ! » et il répéta encore

avec un accent impossible à rendre : « Je ne les verrai plus!.... » Madame de Bordeaux était dans le salon : on nous signifia à toutes deux qu'il fallait abréger nos adieux. Nous demandâmes quelques instants de plus, ils nous furent refusés.

« Courage! espérance! » dis-je au pauvre Auccane. Mais trop d'angoisses accompagnaient ces paroles pour qu'elles pussent porter quelque consolation dans son âme. Il embrassa une dernière fois la sœur et l'amie de ceux qui lui étaient si chers, et nous quittâmes cette maison de Sucy où, au milieu de bien des orages, quelques heures douces et heureuses avaient sonné pour nous.

J'étais encore à m'expliquer l'arrestation si imprévue, si soudaine de mes malheureux amis quand Houdin m'apprit que ce jour même, 12 germinal (1er avril 94), Saint-Just avait fait un rapport à la Convention où il demandait l'arrestation de la famille Sainte-Amaranthe. Bouigues en informa aussitôt mon père, qui m'envoya chercher. Le lendemain, je voulus prendre connaissance du rapport, et j'y lus ce passage aussi horrible que mensonger : « Dans ce temps-là, Danton dînait « souvent rue Grange-Batelière avec des An-« glais ; il dînait aussi avec l'infâme Sainte-« Amaranthe, Sartines le fils, Lacroix, Gusman « trois fois par semaine. C'est là que se sont « faits quelques dîners à cent écus par tête [1]. »

Il n'est pas besoin de rappeler que jamais la famille Sainte-Amaranthe n'eut aucune relation, même indirecte, avec Danton, et que la base absurde de ces accusations fut le dîner chez Rose dans son voisinage, mais dans deux salons différents. Quant aux rendez-vous nocturnes et mystérieux où l'on disait avoir surpris Danton escaladant les murs du parc de Sucy, les infâmes qui alléguaient ces impostures en connaissaient eux-mêmes toute la fausseté. Il n'y a sorte de calomnies qu'on n'ait

[1] En 1830 j'ai copié littéralement ce passage dans *le Moniteur* de 94.

rattachées à la condamnation de ces infortunées victimes, et ces calomnies, transmises jusqu'à nos jours par des écrivains mal informés, sont encore considérées maintenant comme des vérités historiques. On a particulièrement insisté sur un prétendu souper que Robespierre aurait fait chez madame de Sainte-Amaranthe, souper où il se serait exprimé si franchement, si ouvertement sur ses futurs projets de dictature, qu'effrayé lui-même, quand le sang-froid lui revint, il n'aurait trouvé d'autre moyen d'ensevelir cette imprudence que d'envoyer tous les convives à la mort. Eh bien! jamais Robespierre ne franchit le seuil de la maison de madame de Sainte-Amaranthe, qui ne le connaissait même pas de vue.

Arrivée à Paris, je descendis chez mon père. Après quelques instants de repos, je me rendis chez Elleviou. Je le trouvai dans une agitation désespérée. Il s'accusait de n'avoir pas suivi le conseil de Chenard, et on eut beaucoup de peine à l'empêcher de traiter certain camarade (Trial), comme le méritait ce dénonciateur fourbe et cruel. Que la tendresse d'Elleviou était délirante en parlant d'*elle!* Son âme si passionnée fut touchée, comme elle devait l'être, d'avoir été la pensée persévérante d'Amélie pendant l'affreuse journée de la veille. Il me remercia de mon empressement à remplir ma promesse, avec cet accent expressif qui lui était naturel. Je ne peux toutefois dissimuler, qu'à mon arrivée, je trouvai près de lui deux très-jolies femmes. Mais je me hâte d'ajouter que, dans leur langage amical et familier, il ne régnait qu'un sentiment de douce compassion, qui excluait toute idée de rivalité.

Après cette douloureuse visite, je revins chez mon père, qui voulait absolument me garder près de lui ; mais quelques observations de M. Bouigues sur l'imprudence d'une telle résolution me firent retourner le soir même rue de Caumartin, et madame de Bordeaux, rue de la Loi (Richelieu), à l'hôtel des Bains, son pied-à-terre habituel lorsquelle n'était pas chez sa sœur, ou à sa terre du Buisson de Mai. Notre manque de sympathie sous plus d'un rapport avait cessé d'exister par suite de communes sollicitudes pour des objets aimés. Je fus la voir deux fois en peu de temps. Quand j'y retournai, quinze jours au plus après l'arrestation de toute sa famille, elle était, me dit-on, à la campagne. Je conjecturai (ce qu'elle m'a confirmé depuis) que l'honnête Colin, quoique peu en crédit à cette époque, avait pu cependant lui procurer un passeport pour la Suisse, sous un autre nom que le sien. Elle y trouva l'hospitalité chez la baronne de Rolle sa sœur. Peu de temps après le 9 thermidor, elle revint à Besançon, sa ville natale, et y fixa sa résidence. Jusqu'en 1811, elle faisait annuellement de longs séjours à Paris, où des souvenirs bien chers continuaient à donner à nos relations la teinte la plus amicale (G).

Mais ne cherchons pas plus longtemps à

éloigner un présent terrible, et revenons à cet effroyable printemps de 94 ; effroyable, en effet, malgré le ciel le plus pur, les rayons d'un soleil tellement brillant que, de mémoire d'homme, disaient les vieillards, on n'avait vu d'aussi beaux jours. Mais ce soleil éclairait une terre ensanglantée, et les verts ombrages, les gazons couverts de fleurs, n'offraient aucun attrait, même aux amis les plus passionnés de cette enchanteresse nature, si souvent habile consolatrice de nos maux les plus cruels !

Le sort de mes chères captives était la plus puissante des préoccupations qui venaient m'assaillir. J'éprouvais un immense besoin de les voir. Des amis me recommandaient la prudence, ce qui n'était que trop motivé par ma position. Je voulais concilier le désir de mon cœur avec cette circonspection tant prescrite ; aussi, loin de me présenter en élégante connaissance de madame de Sainte-Amaranthe, je pris un costume, qui pouvait me faire passer pour une femme de chambre. Vêtue d'une robe de couleur sombre, coiffée d'un bonnet, tenant à la main un petit panier de fraises, j'arrivai au couvent des Anglaises, transformé alors en maison d'arrêt. Je savais que madame de Sainte-Amaranthe n'avait pas le privilége, dont jouissait sa fille, de descendre quelquefois au parloir.

Ce parloir intérieur consistait en une sorte de lucarne grillée, correspondant à la pièce d'entrée. On accordait à de certaines prisonnières la faveur d'y venir, mais pour peu d'instants seulement. Mon panier de fraises fut d'abord visité, mes poches ensuite. J'avais demandé la citoyenne Sartines, et bientôt sa céleste figure m'apparut, encadrée du grillage qui m'empêchait de donner un baiser à son front, ou de serrer sa main. Mais nos voix attendries, malgré d'insignifiantes paroles (car causer tout à fait bas n'était pas permis), prouvaient assez la douce émotion de nos cœurs. Mes premières questions furent, on le devine, sur madame de Sainte-Amaranthe, Lili, M. de Sartines. Les réponses de la fille et de la sœur, avaient un accent de tendresse plus expressif que jamais ; celui de l'épouse était d'une parfaite convenance ; cette nuance était très-marquée dans le caractère d'Amélie. Nous trouvâmes le moyen de parler de *lui*, et je revis briller ce sourire enchanteur rappelant de si doux souvenirs. Nous finissions par oublier les murs de la prison quand le geôlier prévint la pauvre captive, d'un ton assez poli, mais positif, qu'il fallait remonter. Elle demanda encore un instant.

« Allons, allons, répondit-il, voilà assez causé sur un panier de fraises.

— Je t'en rapporterai bientôt, citoyenne, m'écriai-je vivement.

— Merci, Jeannette, dit Amélie. »

Il m'avait semblé que ce nom de Jeannette était plus en rapport avec l'habit que j'avais pris pour aller à la prison.

Malgré le mot *prudence*, que des voix amies et vénérées me répétaient sans cesse, je renouvelai assez promptement ma visite à la prison.

J'y arrivai sous ma modeste apparence et avec le passeport du panier de fraises. C'est à peine si j'eus le temps d'entrevoir Amélie. Nous entendîmes tout à coup un cri douloureux auquel se mêlaient des paroles bruyantes et confuses. Le geôlier dit aussitôt d'un air fort troublé :

« Que chacun se retire à l'instant ; les visiteurs hors de l'enceinte ! »

Amélie veut m'adresser un mot encore, il la prend brusquement par le bras et l'entraîne ; elle me jette un coup d'œil d'affection désolée, me baiser du bout de ses doigts et disparaît. Hélas ! ce fut son dernier regard, sa dernière caresse !.... Je sortis, et j'entendis quelques personnes qui murmuraient sur le triste événement qui venait de se passer.

Madame de Damas, dans un accès de désespoir, s'était donné un coup de couteau dans la poitrine. Catastrophe sur catastrophe se succédaient sous les formes les plus funestes. Celle de madame de Damas augmenta tellement le profond abattement de mes esprits, qu'il aurait été impossible de le supporter plus longtemps, si un rayon d'espérance n'eût semblé vouloir éclaircir l'horizon. Les cœurs les plus oppressés respirèrent un moment; car le bruit se répandit que la fête de l'Être suprême, dont la solennité devait se célébrer sous peu de jours, donnerait lieu à un grand acte de clémence. Enfin, on disait assez hautement que la mise en liberté des prisonniers serait le premier acte de la dictature de Robespierre. J'avais tant besoin d'y croire, que je ne voulais pas rejeter cette consolante idée. J'étais donc, je le répète, un peu moins abattue. Les rumeurs favorables semblaient s'accréditer. Bouigues nous en parla en se frottant les mains. Il est certain que l'honnête personnage, ne se mêlant en rien des œuvres du comité de salut public et de sûreté générale, était plutôt au sein de la Convention un spectateur bénévole qu'un acteur ou même un figurant. Ses bonnes assurances augmentèrent d'autant plus notre espoir, que ses collègues Cavaignac et Montmayoux, sans les confirmer positivement, ne les démentaient pas, et certes ces derniers étaient mieux au courant que lui. Il en résulta, que je crus pouvoir accompagner ma mère à une séance de la Convention, qui suivit de bien près la fête de l'Être suprême. On devait, assurait-on, y proclamer le décret libérateur. Nous arrivâmes toutes deux accompagnées de Bouigues. Bien des bancs étaient vides depuis la mort des Girondins, et la proscription qui avait atteint beaucoup des membres de la Plaine. On y admettait les spectateurs privilégiés. Ce ne fut pas sans une pénible impression que je me voyais à ces mêmes places occupées naguère par ceux en qui j'avais foi, qui m'étaient sympathiques, et qui périrent sur l'échafaud ou dans leur fuite. Cette douloureuse sensation ne devait pas être la seule de cette journée.

J'eus cependant, au commencement de la séance, un véritable mouvement de satisfaction. A quelques pas de moi, j'aperçus Fleury, sorti de prison la veille de la fête de l'Être suprême. Entre lui et moi se trouvait la pensée de personnes aimées, aussi notre salut fut-il très-affectueux. Je présumais, ce qui était vrai, qu'une pensée semblable à la mienne l'avait amené à cette séance du 25 prairial. Mais dans son regard si expressif, je ne démêlais pas plus que je ne le ressentais moi-même la certitude du triomphe. L'espoir, cependant, donnait encore quelques doux battements au cœur, lorsque Élie Lacoste monta à la tribune. Il commença son rapport, aussi fatalement mensonger que celui de Saint-Just du 12 germinal, mais mille fois plus cruel encore, car celui de Saint-Just concluait à la captivité pour les victimes, tandis qu'Élie Lacoste, par son foudroyant réquisitoire, les envoyait au tribunal révolutionnaire, c'est-à dire à la mort. Après avoir annoncé une conspiration imaginaire contre Robespierre[1], Élie Lacoste ajouta :

[1] La prétendue conspiration de la fille Renaud, enfant de 16 ans, accusée d'avoir voulu assassiner Robespierre.

« Les conjurés n'avaient pas oublié de comp-
« ter parmi leurs complices les détenus dans
« les maisons d'arrêt. » Ici, le digne organe de Robespierre désigna d'abord parmi ces détenus madame de Sainte-Amaranthe, son fils, M. et madame de Sartines, M. Auccane, le ci-devant vicomte de Pons, et bien d'autres encore[1]. A ces épouvantables paroles, on peut se figurer mon profond désespoir. Forcée de le contenir, ma douleur n'en était que plus cruelle. Je devins si pâle, que ma mère me dit en me prenant la main :

« Pour ton père aie du courage, ma pauvre fille ! »

Elle jette les yeux sur Bouigues, qui paraissait fort agité. Moi, je tournai la tête du côté de Fleury ; des gouttes d'une sueur abondante inondaient son visage. Dans le mouvement si prompt de ma pensée vers lui, il semblait que

[1] Ces paroles, hélas ! entendues par moi, ont été depuis copiées littéralement en 1850, sur *le Moniteur* de l'époque.

j'avais le cruel besoin de trouver un être qui souffrît autant que moi. Un instant, à la fatale nomenclature d'Élie Lacoste, je crus que mon nom et celui de madame de Bordeaux allaient être prononcés. Je ne fus pas la seule à le supposer. La sollicitude marquée du citoyen Bouigues provenait de la même crainte. Le grave Montmayoux baissa les yeux. Je ne fais pas ici d'héroïsme en disant que l'idée personnelle ne fut qu'un éclair ; mais madame de Sainte-Amaranthe, ma belle Amélie, ce cher enfant Lili, ce bienveillant M. de Sartines !.... la certitude de leur perte me dominait uniquement. Quand Élie Lacoste descendit de la tribune, où Robespierre allait bientôt le remplacer, la séance fut suspendue, Bouigues vint auprès de nous.

« Il faut que je sorte d'ici, » lui dis-je. Il voyait bien, à la décomposition de mes traits, ma funeste émotion.

« Oui, allons-nous-en, reprit ma mère en se levant, profitons de ce moment.

— Au nom du ciel! s'écria Bouigues, restez à votre place, chère madame D..., je vais donner le bras à votre fille; le départ de deux personnes pourrait produire une fâcheuse impression. Soyez tranquille, j'accompagnerai la citoyenne, et ne la remettrai qu'en bonnes mains. » Toutes ces paroles dites à voix basse et fort vîte, ne durèrent pas une demi-minute. En passant près de Fleury, nous pûmes échanger un regard, interprète du déchirement de nos cœurs. Bouigues, croyant me consoler, m'assurait qu'Élie Lacoste n'ayant pas fait mention des personnes qui étaient à Sucy, lors de l'arrestation, il y voyait un grand motif de sécurité pour moi.

— Pensez-vous donc, lui dis-je avec une sorte de violence, qu'il soit désirable de vivre à une aussi exécrable époque ?... » Pauvre Bouigues ! ce n'était assurément pas lui qui l'avait amenée... Je me reprochai ce mouvement d'irritation, alors que je recevais la preuve d'un dévoûment sincère.

« Ah! je suis si malheureuse, pardonnez-moi, m'écriai-je.

— Où vais-je vous conduire? me répondit l'excellent homme ; je ne voudrais pas vous voir retourner à votre résidence ordinaire; j'entends bien la voix de votre père qui vous appelle, mais il ne faut pas y céder.

— Oh! mon père! je ne veux pas briser son cœur des tortures du mien ; j'irai pleurer près de ma bonne; son modeste toit a été plus d'une fois mon refuge. Aujourd'hui, elle me recevra en proie à la plus violente douleur que j'aie jamais ressentie. » Je pouvais parler ainsi, car ce 26 prairial, j'ai connu mon premier désespoir, mais je n'avais encore que vingt-trois ans, et depuis, hélas! le malheur m'est apparu sous des formes plus déchirantes encore. Mon guide m'assura qu'il était à mes ordres. Il ne répondit même pas à la crainte que je lui exprimai, qu'une si longue absence de la Convention pût être remarquée dans un jour pareil. A l'entrée de la rue Sainte-Anne, nous rencontrâmes un de mes fidèles, Maïa Garat, neveu chéri du ministre de ce nom, et frère du célèbre chanteur. Le bon jeune homme, ayant appris à l'instant le rapport d'Élie Lacoste, venait pour m'enlever de la Convention. Maïa, comme tous ses frères, avait un teint vivement coloré; dans ce moment il était aussi pâle que moi. N'ayant aucune relation directe avec la famille de Sainte-Amaranthe, il la connaissait seulement de vue; mais c'était déjà un lien sympathique pour lui, si bon appréciateur de la grâce et de la beauté. Et puis, il savait combien je l'aimais!... (H.) Après quelques paroles bienveillantes entre Maïa et Bouigues, qui se connaissaient un peu, ce dernier appuyant sur la nécessité où j'étais de ne pas rester chez moi, exprima l'espérance de me voir arriver à bon port, malgré mes jambes chancelantes. Maïa approuva mon projet d'aller chez ma bonne et s'offrit à me conduire.

« J'ai promis à votre mère, citoyenne, répondit Bouigues, de veiller sur vous, et je remplis mon engagement en vous confiant au citoyen Garat ; mais, je vous le demande instamment, lorsque vous serez en sûreté, donnez-lui plein pouvoir de se rendre chez vous pour visiter vos papiers, et soustraire ce qui pourrait vous compromettre. »

J'étais anéantie, et ne pouvais songer à moi ; toutes mes pensées s'absorbaient dans les conclusions d'Élie Lacoste.

« C'est impossible! m'écriai-je plus d'une fois en tressaillant, et serrant le bras de Maïa dont les grands yeux étaient remplis de larmes, je ne puis croire au massacre d'une famille si belle, si bonne, si aimée.... »

Nous arrivâmes enfin. Je fus frappée de l'air sombre que prit madame Messin en écoutant ma nouvelle demande d'hospitalité.

« Mon Dieu! s'écria-t-elle, me voilà donc condamnée à refuser un asile à ce que j'ai de plus cher au monde! » Maïa me regardait, attendant l'explication d'un refus qui semblait si étrange, et dont voici la cause. Madame Messin était principale locataire de cette petite maison de la rue Forès. Le matin même, elle avait accepté pour locataire, et précisément sur le même palier, un nouveau venu, qui n'était autre qu'un affreux coquin de la section des Gravilliers. Silencieusement assise, je n'entendais que confusément les paroles de Maïa et celles de ma bonne. Ils n'avaient encore rien résolu, lorsqu'on frappa à la porte. Ils se regardent avec inquiétude et ne bougent pas; bientôt nous reconnaissons la voix de ma mère, quoique cette voix fût moins douce que de coutume; on ouvre aussitôt, et ma mère dit d'un ton assez sec en entrant :

« Bonjour, Marguerite! » puis elle salue Maïa d'une façon peu gracieuse, ce qui n'était pas conforme à ses habitudes; mais, depuis ma séparation avec mon mari, elle subissait certaines influences peu favorables aux personnes qui me témoignaient du dévoûment. Après m'avoir embrassée avec une vive tendresse, elle se plaça près de moi :

« Tu penses bien, ma fille, dit-elle, que j'avais hâte de quitter la Convention. Dieu merci! le retour de Bouigues a été plus prompt que je ne l'espérais. Il s'est empressé de me conter que, fidèle à ma recommandation, il t'avait remise en bonnes mains. » Ici, ma mère ne put s'empêcher de jeter un regard aimable sur Maïa ; la façon respectueuse dont il s'était incliné, et l'expression de sa physionomie traduisaient si bien toutes les émotions de son âme, que l'esprit le plus prévenu aurait été ramené à la bienveillance.

« Lorsque ton père apprit par M. Bonigues tes fatales épreuves de la matinée, il s'écria : Oh! les bourreaux! puisque maintenant ils tuent les familles en masse, je veux vivre ou mourir près de mon enfant. Il faut aller la chercher à l'instant même. Cette mission toute maternelle appartient à madame D.... Ces paroles à peine prononcées, continua ma mère, je suis partie; hâtons-nous, que je te dépose dans ses bras. »

Malgré la fatigue qui m'accablait, je me préparai à quitter Marguerite, qui n'osait pas me retenir dans la crainte de son terrible locataire. Maïa songeait à la mission dont Bouigues l'avait chargé, la visite de mes papiers. Il hésitait à en parler devant ma mère qui, instruite par celui qui l'avait conseillée, m'engagea à ne pas tarder plus longtemps à suivre ce prudent avis. Je simplifiai la mesure en invitant Maïa à aller chercher mademoiselle Rose de Longeville, mon ancienne compagne de l'abbaye de Bonsecours, dont le dévoûment m'était connu. Peu de jours auparavant, ayant elle-même rangé ces papiers, elle pouvait faciliter toutes espèces de recherches. J'écrivis deux mots à Rose et les remis à Maïa qui partit à l'instant. Disons pour terminer ce sujet, que l'extrême prudence des deux visiteurs fut portée trop loin dans leur auto-da-fé. Je regrettai surtout, et je regrette encore dix lettres de

Mirabeau, remplies d'âme, de passion, et d'une parfaite convenance, ce qui, à tous les âges, eût permis de les conserver.

Ma mère fut mon véritable soutien dans le trajet du Temple à la place des Victoires, et j'arrivai assez promptement près de mon père. Me retrouver avec lui était une puissante consolation au milieu de mes abîmes de douleur. Je restai longtemps assise sur ses genoux, pleurant sur son épaule. Mon affliction était peut-être alors plus mélancolique que déchirante, et cependant, je n'en éprouvais pas de soulagement. Ma frêle constitution s'en ressentit; la respiration devenait de plus en plus gênée, par suite d'une douleur de côté dont la première atteinte m'avait frappée le matin, pendant le rapport d'Élie Lacoste. Un spasme nerveux l'augmentait encore; enfin, je souffrais beaucoup. Ma femme de chambre Frosine me rejoignit le soir. Plusieurs personnes, me dit-elle, étaient venues, entre autres, l'oncle d'Elleviou, M. de Kervalan, ancien officier de marine, aussi bon que singulier, ce qui n'était pas peu dire. Flatté de l'air important avec lequel Frosine l'écoutait, il la chargea de me transmettre les détails de la situation morale de son neveu; son affreux désespoir l'empêchait de se présenter chez moi, mais il m'appelait, mais il voulait voir la meilleure amie de son Amélie. Il était déjà tard lorsque Frosine remplit cette mission. Elle me confirma dans la pensée d'aller bientôt trouver ce malheureux Elleviou. Après une nuit qui n'avait adouci ni les douleurs physiques, ni l'affection de l'âme, j'arrivai chez lui le lendemain d'assez bonne heure. J'entendais des gémissements avant d'être à ses côtés. Il avait, je crois, plus de tendresse que d'énergie; d'ailleurs, quel cœur ne se serait brisé devant une aussi épouvantable infortune!... Je trouvai près de lui son oncle, et les deux personnes que j'y avais rencontrées lors de l'arrestation de Sucy.

Ces dames se retirèrent à l'instant.

« C'est avec vous, avec vous seule que je

veux pleurer, s'écria Elleviou d'un accent douloureux, impossible à décrire; vous qui aimez mon adorable Amélie, vous que d'étranges hasards ont identifiée à tous les événements de notre vie!... » Nos sanglots furent pendant longtemps notre unique langage. M. de Kervalan essuyant ses yeux, se taisait, lorsqu'enfin, de sa voix toujours aigre, malgré son émotion, il dit à son neveu :

« Tâche de te calmer, et raconte à madame de B... la démarche de Chenard près de Saint-Fargeau; je veux que ses malédictions s'unissent aux nôtres pour retomber sur la tête de ce misérable Félix!

— Eh! mon Dieu! m'écriai-je, comment a-t-on pu solliciter un tel appui?

— Mon désespoir en apprenant la séance de la Convention, reprit Elleviou, toucha Chenard jusqu'aux larmes, lui, qui conserve un cœur si excellent malgré ses opinions révolutionnaires; il voulut tenter une dernière épreuve, et alla trouver Saint-Fargeau :

« Citoyen, lui dit-il, je viens avec confiance faire appel à votre loyauté. » La figure de Félix s'assombrit à ce préambule. Chenard n'en continua pas moins. La popularité attachée au nom de Saint-Fargeau est si grande et si méritée, que, je n'en doute pas, votre garantie des opinions inoffensives de la famille Sainte-Amaranthe, et de sa complète ignorance sur tout ce qui concerne le parti dantoniste, pourrait modifier le jugement du tribunal révolutionnaire.

— Citoyen Chenard, répondit Félix sans le moindre embarras, et avec une parfaite indifférence, tu parles de ma popularité ? Elle serait bien vite compromise si je voulais me faire le champion de l'innocence de cette famille. Je ne crois pas tout à fait aux complots dont a parlé Saint-Just à la Convention le 12 germinal, ni aux nouvelles accusations d'Élie Lacoste ; mais il est certain qu'il n'y avait pas là de bonnes opinions. Non, décidément, citoyen Chenard, il m'est impossible de rien faire pour ce monde-là. » Il s'arrêta un moment, puis il ajouta : « Rapportons-nous-en à la justice, à l'humanité du tribunal.

— O misérable Félix ! s'écria Elleviou, tu serais bien digne de figurer parmi les bourreaux !... » Je restai longtemps près de lui, et je crus démêler son intention de chercher à entrevoir Amélie, soit à l'entrée, soit à la sortie du tribunal. Je n'en pouvais plus; M. de Kervalan voulait m'accompagner; j'exigeai qu'il restât, et je revins chez mon père où, abîmée sous le poids de tant de souffrances, je fus obligée de me mettre au lit. Les soins les plus actifs me furent prodigués, sans m'apporter une minute de repos. Cependant, le lendemain, grâce à l'opium, je m'endormis d'un sommeil profond, léthargique, et dont je ne sortis le jour suivant qu'à une heure fort avancée. Quel réveil, mon Dieu ! Lorsque mes yeux se rouvrirent, c'était le 29 prairial !... Tout à coup, j'entends crier dans la retentissante place des Victoires l'exécution de l'arrêt du tribunal révolutionnaire, et parmi les nombreuses victimes, les crieurs semblaient appuyer de leur foudroyante voix sur les noms de Sainte-Amaranthe, de Sartines, de Pons. Ainsi me fut confirmé cet épouvantable malheur, hélas ! trop prévu, mais en présence duquel je n'en restai pas moins anéantie. Mon père était près de moi, il baisait mes mains, et je sentais couler ses larmes.

« Pauvre Auccane ! » murmura-t-il. Je n'avais pas besoin d'entendre prononcer ce nom pour qu'il se présentât à ma douloureuse pensée.

« Oui, malheureux Auccane ! répétai-je ; le comble de ses fatalités est de n'avoir pas succombé avec son bien-aimé Lili, avec son amie si chère ! Mais n'en était-ce donc pas assez pour cette infortunée Sainte-Amaranthe, cette mère si tendre, de mourir avec ses enfants ! Il a fallu que l'échafaud la réunit à M. de Pons, comme si un destin fatal eût voulu lui retracer toutes les phases brillantes d'une existence terminée par la plus effroyable catastrophe !

Malgré le puissant effet de l'opium, j'étais en proie à des souffrances morales qui me faisaient oublier les souffrances physiques. Je n'avais plus de force et cependant, je voulais que l'on me parlât de mes chères victimes. Mon père me dit que la députation du Lot, dont l'opinion était cependant un peu foncée, avait donné le matin même une preuve de son intérêt pour moi, en envoyant s'informer de mes nouvelles.

« M. Bouigues, peut-être ?

— Tous, tous.

— Eh bien ! répondis-je, si M. Cavaignac vient aujourd'hui, demandez-lui ces détails, que je redoute mais que je brûle de savoir ; il les aura mieux sentis que ses autres collègues. Ah ! mon père ! pas d'inutiles ménagements, je veux ce triste aliment à ma juste douleur, je le veux. » Puis ma tête retomba sur mon oreiller.

Le nom d'Auccane avait été ma première exclamation, celui d'Elleviou retentit bientôt dans mon cœur, plus bas toutefois que le premier ; je souhaitais vivement le revoir. Quant au malheureux Auccane, mon désir se brisait contre l'impossibilité. Plus d'un demi-siècle s'est écoulé depuis ce massacre du 29 prairial, et à la profonde émotion que j'éprouve encore aujourd'hui en le retraçant, je ne comprends pas comment j'ai pu y résister. J'étais barbare pour moi-même avec une sorte de délice. Croyant entendre du bruit dans le salon, je tirai violemment la sonnette. Houdin parut ; je le préférais aux autres gens de la maison, à cause de cette impression si rapide et si vraie qu'il avait ressentie quand il vint me chercher à Sucy. Je demandai quel était le visiteur. C'était Cavaignac. J'insistai pour que mon père s'informât près de lui de tout ce qui avait rapport aux victimes de la journée. Il me promit de remplir avec exactitude la mission que je lui confiais. Quand il revint, son visage, sa voix étaient profondément émus, et j'y démêlai l'expression élevée que lui donnait toujours son enthousiasme pour le beau moral.

« Oui, ma Lucile, me dit-il, comme tu l'as pressenti, tes chers martyrs ont été sublimes au moment suprême. Amélie, qui depuis son entrée en prison était un objet d'admiration pour ses compagnons d'infortune, a paru d'une beauté céleste en marchant au supplice. Enveloppée d'un grand voile rouge (odieux emblème du prétendu complot d'assassinat contre Robespierre), elle s'en drapait avec cette coquetterie, mélange de grâce et de décence, qui devenait de l'héroïsme dans un pareil moment. Son jeune frère semblait sourire à la mort, comme il avait souri à la vie. La pauvre mère espérait mourir avant ses enfants ; ses supplications furent vaines ; ce refus lui causa un bienfaisant évanouissement, et elle ne vit plus rien jusqu'au moment où elle rejoignit ces êtres adorés !.... » Ma pâleur augmentait, mon père voulait s'arrêter.

« Continuez, lui dis-je en saisissant ses mains.

— M. de Sartines conservant son calme visage, et cette habitude de citations lyriques, en fit une bien touchante en s'adressant à sa femme : *La mort même est une faveur, puisque le tombeau nous rassemble.* Et cet infortuné M. de Pons ! il serait impossible de décrire les angoisses dont son âme était déchirée. Comment appeler le hasard fatal qui, après de longues années de séparation, le réunissait dans la mort, à une femme qu'il avait tant aimée, et à une fille, lien mystérieux et toujours cher que j'ai déjà indiqué. Il survécut quelques instants pour voir rouler leurs têtes sur l'échafaud et il périt lui même avec cet admirable courage, qui n'était pas rare chez les victimes de cette sanglante époque[1]. Parmi cette foule sauvage qui chaque jour repaît ses yeux d'hor-

[1] Le même jour du 29 prairial, périrent soixante-deux personnes; entre autres la fille Renaud, âgée de seize ans, accusée d'avoir voulu assassiner Robespierre, et mademoiselle Burette, actrice de l'Opéra-Comique, qu'on avait faussement prétendue être la maîtresse de M. de Sartines.

ribles spectacles, il y avait aujourd'hui des groupes silencieux. A leur attitude on pouvait deviner que là auraient éclaté des sanglots, si la Terreur ne les eût étouffés. On dit encore, ajouta mon père, en baissant la voix, qu'une jeune femme, à la taille élevée, à la parure élégante, s'est approchée du char funèbre, et a fixé son regard haineux sur le divin visage d'Amélie.

« C'est Clotilde ! » m'écriai-je. Un mouvement de tête de mon père, me le confirma (I).

Par un élan spontané, inconcevable dans mon état d'extrême faiblesse, je me mis à genoux sur mon lit, et murmurai cette prière : « Mon Dieu ! elle est maintenant dans votre sein cette famille que vous aviez si libéralement douée ! Puissent ceux que sa charité a soulagés, l'entourer encore de leurs reconnaissantes bénédictions ! Qu'elle agrée aussi les miennes pour les jours de bonheur qu'elle m'a donnés et qui vivront dans mon éternel souvenir !... » Après ces paroles, je ressentis une sorte de résignation. Mon père, à qui j'avais donné de graves inquiétudes peu de moments auparavant, s'inclina, joignit les mains, et balbutia : « Mon Dieu, et Lucile !... »

Je restai deux jours chez mon père, où je sus par Frosine combien mes amis désiraient m'apporter leurs consolations directes. M. de Kervalan était venu plusieurs fois réclamer ma compatissante bonté pour son neveu. Je voulais courir près de lui le lendemain, mais ma faiblesse extrême s'y opposa. Enfin, grâce à mes efforts, je parvins à maîtriser la violence de mon désespoir, et j'eus assez de courage pour déclarer à mon père que j'allais retourner chez moi, le suppliant de ne point y mettre obstacle. Cet ami si indulgent, ne voulait pas dire *oui*, mais il ne prononça pas *non*.

« Tu es libre, chère enfant; mais reviens bientôt, promets-le-moi. » Une animation fébrile m'entraînait; je hâtai ma toilette. Mon père m'embrassa tendrement, et me répéta :

« Adieu, à bientôt ! » Voyant qu'il me suivait

des yeux par sa fenêtre, je fis tous mes efforts pour traverser vaillamment la place des Victoires. En arrivant rue Marivaux, chez Elleviou, j'étais anéantie, et je fus obligée de m'asseoir sur les premières marches de l'escalier. Parvenue à son appartement, je n'entendis pas cette fois des sanglots comme à ma dernière visite. Le malheureux ne pouvait pleurer. Grand Dieu ! quelle vivante image de la désolation ! Son visage livide, la contraction farouche de ses yeux, décomposaient tellement ses traits, qu'il eût été impossible de reconnaître cette figure naguère si gracieuse e si riante. Il saisit la main que je lui tendis, y posa ses lèvres, et son front brûlant ; la fièvre le dévorait !.... Mon émotion s'augmentant de la sienne, un sombre silence fut longtemps notre seul langage ; ma pâleur et mon abattement décelaient aussi toutes nos tortures. Enfin, d'une faible voix :

« Il faut vivre, lui dis je, mon cher Elleviou, pour chérir et déifier la mémoire de notre adorable Amélie. Mon amitié sera toujours fidèle à ce culte et ne vous fera jamais défaut.

— Oh! je vous crois, s'écria-t-il. Mais, connaissez-vous l'infâme action de cette misérable Clotilde? » Je baissai la tête; il vit que je savais tout.

« Et j'ai pu l'aimer, et j'ai pu être enchaîné par ces liens honteux! Mais je les avais rompus pour me prosterner devant la plus belle, la plus parfaite des femmes!... »

J'espérais toujours qu'une autre pensée amènerait des larmes. Afin de les provoquer, je m'écriai en saisissant sa main :

« Écartez ce souvenir odieux, foulez aux pieds cette créature indigne, et songez seulement à ces cœurs sincères et nombreux qui aimaient Amélie, et qui la pleurent. Songez aussi aux humbles hommages de ceux qui la bénissent pour ses bienfaits. » Je sanglotais en parlant, et, ainsi que je le souhaitais, mes pleurs attendrirent Elleviou. Nous restâmes longtemps ensemble, c'était un besoin pour chacun de nous ; mais il fallait se quitter. Rentrée chez moi, des soins habiles me furent prodigués, sans amener un soulagement réel. Ma seule consolation était la présence de mon père, et celle de Maïa Garat, qui fut bon pour moi, comme auraient pu l'être mes plus anciens amis. Hélas ! l'exil ou la prison les avait dispersés. On présume bien que je voyais souvent Elleviou. La violence de son désespoir altéra sa santé, mais les exigences de sa profession, l'obligèrent à reparaître sur la scène. Il demanda du moins la grâce de ne pas se montrer dans *Philippe et Georgette*. Un peu plus tard, il eut à subir une bien forte épreuve. Je crois devoir en placer ici le récit pour compléter ce que j'avais à dire au sujet d'Elleviou. Ce n'était plus le brillant acteur que l'on aimait avec une si juste prédilection ; cependant, le charme mélancolique de son jeu et de son accent, le faisait toujours applaudir par les plus belles mains. La cause de son abattement étant connue, intéressait vivement, et les jeunes gens s'écrièrent plus d'une fois : « Pauvre Elleviou ! »

La mémorable époque du 9 thermidor arriva ; l'échafaud fut brisé, les prisons s'ouvrirent. Peut-être le demi-siècle écoulé depuis, a-t-il trop effacé l'impression de cette journée libératrice ; mais l'enthousiasme du moment fut fortement senti, comme il devait l'être. Des inspirations généreuses voulurent retracer au théâtre l'effroyable passé, en faisant luire l'espérance de meilleurs jours. Un des premiers ouvrages fut donné à l'Opéra-Comique, rue Favart. La scène se passait en Espagne, et l'Inquisition remplaçait le sanglant pouvoir du tribunal révolutionnaire. Elleviou, chargé du rôle principal, le conçut avec toute la puissance de son âme, car il représentait l'amant d'une jeune et belle victime condamnée à mort avec sa famille. Que de souvenirs, que d'applications !... Aux répétitions, il fut plus d'une fois suffoqué, et hors d'état de continuer. Mais, à la représentation, il exprima son violent désespoir d'une façon admirable, et quand on vint lui annoncer la condamnation de celle qu'il adorait, on eût dit qu'il ressentait toutes les émotions qui l'avaient déchiré à l'époque d'une cruelle réalité. Enfin, anéanti et brisé, il tomba évanoui. Il fallait cependant reparaître; le théâtre moins cruel que l'Inquisition avait trouvé le moyen de sauver la victime. On revit donc Elleviou, qui fut reçu avec des bravos frénétiques. Heureusement, il n'avait plus que quelques mots à dire, car son douloureux triomphe l'avait épuisé.

Madame de X..., jeune femme fort admirée, assistait à cette représentation ; elle en fut vivement impressionnée. Déjà, Elleviou l'avait charmée dans plusieurs de ses rôles, où cependant le talent de l'artiste subissait l'accablante influence de sa douleur ; mais, madame de X.... connaissait la cause de cet abattement, et cette cause même excita chez elle un profond intérêt. Sous le voile d'une douce et séduisante compassion, sa tête acheva de se monter et fit naître un projet consolateur. On lui avait dit plus d'une fois qu'elle ressemblait à madame de Sartines. Oh oui! elles étaient bien belles toutes deux; toutefois il existait dans la figure d'Amélie une suavité, une distinction, une parfaite régularité que je n'ai jamais rencontrées que chez elle. Enfin, la réputation d'une très-jolie femme était justement acquise à madame de X.... et si elle employa plus que de la coquetterie envers Elleviou, la pensée touchante de lui retracer une ombre chérie s'y rencontrait aussi. Si bien qu'abandonnant le costume grec qu'elle avait adopté avec un grand succès, elle revêtit la parure, un peu arriérée, que portait si élégamment madame de Sartines. Elle poudra ses cheveux, mit une charmante robe de soie, un bouquet de côté très-gracieusement posé, sans oublier le magnifique éventail d'acier. Elle loua pour la fin de la saison la loge d'avant-scène de madame de Sainte-Amaranthe, où elle occupa la place d'Amélie. Ce fut le lendemain de la représentation ci-dessus racontée que madame de X.... apparut ainsi à Elleviou. Une douce habitude, devenue depuis bien douloureuse, lui faisait toujours jeter un regard sur cette loge.... Quels furent les battements de son cœur, lorsqu'il vit à cette même place, une jeune femme ayant véritablement de la ressemblance avec Amélie, et cette ressemblance plus caractérisée encore par une tenue, une toilette entièrement semblables ! Je ne fais que supposer les sentiments qui agitaient Elleviou, car dans mon amitié exaltée pour ma pauvre amie, je n'admettais pas de consolation à un tel malheur, et je n'ai jamais voulu apprendre de lui aucune circonstance de sa nouvelle liaison. Cependant il y avait là, peut-être, une sorte d'hommage à une chère mémoire ! Cette intimité, plutôt aventureuse que tendre, n'eut pas une durée bien longue. Une nouvelle liaison la remplaça, et c'est alors que la destinée d'Elleviou se fixa à jamais. Il se maria, quitta le théâtre dans tout l'éclat de son talent, et devint un honorable citoyen dans toute l'acception du mot. Châtelain cultivateur dans sa belle terre des environs de Lyon, il y exerçait une large et aimable hospitalité. Les services qu'il rendit à l'agriculture l'avaient fait nommer membre du conseil général, et il allait être élu député, lorsqu'il fut frappé à Paris de mort subite. Peu de temps auparavant, le baron de T.... et Martin, ancien camarade et ami d'Elleviou, étaient morts chez lui, tous deux frappés également d'apoplexie foudroyante.

Je me vois forcée de rétrograder de beaucoup d'années et de revenir à ce funeste 94, pour parler encore une fois du bon, sensible et infortuné Auccane. Il avait été nommé dans le rapport du 26 prairial, mais au lieu de l'envoyer immédiatement devant le tribunal révolutionnaire, on laissa se prolonger quelques semaines sa déplorable existence. Il fut donc condamné au désespoir de survivre à tout ce qu'il avait de plus précieux sur la terre !... Enfin, le 9 thermidor, à l'heure même où Robespierre était mis en accusation, M. Auccane marchait à la mort. Le peuple voulait faire retourner la charrette; le misérable Henriot, commandant de la garde nationale, s'y opposa. Pendant cette lutte d'une autorité sanglante contre un bon mouvement populaire, le malheureux Auccane s'écriait :

« Oui, sauvez, sauvez mes compagnons d'infortune, mais laissez terminer pour moi le supplice de la vie !.... »

Son vœu généreux ne fut point exaucé ; tous périrent, hélas ! et le 9 thermidor !...

Grâce pour mon style octogénaire ! Le seul mérite de ces pages, trop nombreuses sans doute, est, je le répète, dans la scrupuleuse vérité des faits, vérité qu'ont si étrangement travestie toutes les publications relatives à la famille Sainte-Amaranthe. Je n'en excepte pas l'*Histoire des Girondins* par M. de Lamartine ; encore moins une série de feuilletons du journal *l'Assemblée nationale*, intitulée, *le Der-*

nier amour de Saint-Just; ce n'est qu'un roman sur des noms connus[1].

Le 10 octobre 1849, je fis un pèlerinage à Sucy. Je n'y étais pas retournée depuis le 12 germinal 94. C'est avec un sentiment plein de charme et de mélancolie, qu'après plus d'un demi-siècle, j'allais retrouver le souvenir des quelques beaux jours qui précédèrent l'assassinat de cette belle et fatalisée famille Sainte-Amaranthe. Je sonnai à midi et demie à la même grille où, cinquante-cinq ans auparavant, j'avais entendu la cloche terrible qui annonçait le tribunal révolutionnaire. La maison appartient maintenant au général Rüel. Il

[1] On peut ajouter à cette nomenclature, qui est loin d'être complète, un ouvrage plus récent : *les Déesses de la liberté*, par M. Capefigue.

donna l'ordre de me conduire partout. Rien n'est changé dans la distribution des appartements ; seulement la glace sans tain qui séparait le billard du salon n'existe plus. L'aspect de cette habitation n'a pas vieilli ; je m'y reconnaissais comme si je l'eusse quittée la veille. Le terrain n'étant pas très-bon, les arbres, plantation de la pauvre madame de Sainte-Amaranthe donnent peu d'ombrage ; je les remerciais de n'avoir pas su croître ; ils me rappelaient bien mieux ainsi l'état primitif où je les avais laissés. La petite porte existe toujours ; cette porte qui s'ouvrit furtivement pour l'homme le plus séduisant de l'époque, mais qui jamais ne fut franchie par un autre que par lui. Dans le pays, on se rappelle cette famille dont la bienfaisance était si secourable aux malheureux, et les contemporains ont transmis ces détails à leurs enfants. Quelques vieillards affirment que le beau Lili voulut mourir avec les siens, et qu'il rejeta la grâce qu'on lui apportait. Le pauvre enfant en eût été capable, car il idolâtrait sa mère et sa sœur, mais les bourreaux n'auraient point lâché leur proie. Je n'ai pas voulu ébranler cette touchante croyance; c'était la digne auréole d'une tête si charmante. Malgré un vent redoutable, je suis restée longtemps assise dans ce jardin où il ne devrait croître que des roses et des cyprès. Il y a peu de fleurs, excepté des dahlias; mais le dahlia est d'une époque plus récente, et j'ai préféré cueillir près de la petite porte une branche de tuya et quelques modestes pâquerettes. Enfin, après quelques heures de vives émotions au souvenir d'un passé déjà si loin et si palpitant encore, je quittai ces lieux où s'étaient écoulés pour moi des instants bien doux, mais aussi bien cruels!...

NOTES.

(A), page 98.

Clotilde, remarquable par sa superbe taille, produisit un grand effet dès son début dans la danse noble ; mais elle avait peu de beauté et de talent. Cependant, l'éclat de sa tournure à la ville comme à la scène, de l'esprit naturel, de bonnes manières, lui valurent de nombreux succès pendant sa longue carrière de galanterie. Après sa rupture avec Elleviou, elle tourna la tête à Boïeldieu, beau comme Apollon et inspiré de son art. Il fit l'immense folie de l'épouser et eut tellement à s'en repentir, que profondément malheureux, et prenant trop au tragique la conduite d'une pareille femme, il s'expatria longtemps en Russie après avoir divorcé.

(B), p. 110.

Au moment où la machine fatale le frappait, il tenait encore dans sa main des cheveux de Lucile qui devait bientôt le rejoindre. C'était le 16 germinal (5 avril 94). Les condamnés étaient au nombre de

14, parmi lesquels se trouvaient Danton, Chabot, Bazire, Fabre d'Églantine, Lacroix, Hérault de Séchelles, Phélippeaux. En montant à l'échafaud, Camille veut embrasser une dernière fois son ami Danton, le bourreau s'y oppose :

« Tu es donc plus cruel que la mort, s'écrie Camille, car elle n'empêchera pas nos têtes de se baiser tout à l'heure au fond du panier. »

Dans les courts instants où Camille ne s'occupait pas des affaires publiques, il était tout entier à cette tendresse domestique, à ces liens de famille si doux, si chers au cœur de l'homme. Il avait épousé une femme divine qu'il avait recherchée dix années entières, et dont il était adoré. Pendant les trois années qu'ils vécurent ensemble, ils furent aussi heureux qu'on peut l'être sur la terre, car est-il un bonheur plus pur, plus élevé, plus vrai, que celui d'aimer et d'être aimé? (*Essai sur la vie de Camille Desmoulins*, par Matton.)

(C), page 120.

Il était frère du pair de France, ce patriote éclairé, éloquent orateur des meilleurs temps, et littérateur moral et distingué. Hélas ! l'aîné de sa famille n'eut pas cette heureuse destinée !... Auguste de Kératry périt sur l'échafaud, à peine âgé de vingt-six ans. Un courage éclatant dont il donna des preuves pour la cause vendéenne, racheta, même aux yeux de ses adversaires, plus d'une erreur de jeunesse. Son intimité avec une personne dont la mémoire m'était bien chère (M. de Monsabré), me le faisait recevoir quand même. On a cité de lui un de ces traits frivolement héroïques, qui du reste ne furent pas rares pendant la Terreur. Au pied de l'échafaud, Kératry dit au brillant chevalier de Bazancourt, son rival dans les bals :

« Voyons, chevalier, qui dans ce moment exécutera le mieux un entrechat ? » Et il le fit.

Puisque j'ai nommé Auguste de Kératry, je veux encore rapporter une anecdote, qui, en outre, a le mérite de peindre à merveille l'époque de 90. On avait annoncé que la reine Marie-Antoinette irait à la représentation d'*Iphigénie en Aulide*; ce fut la dernière fois qu'elle parut à l'Opéra. Ses fidèles s'y rendirent en foule, et certes, M. de Kératry était dévoué jusqu'au fanatisme. Quand on exécuta le chœur célèbre :

Que de grâce, que de beauté,
Que d'attraits, que de majesté !

les applaudissements devinrent frénétiques ; ils se mêlaient aux cris de : « Vive le roi ! vive la reine ! » On fit recommencer, et une partie de la salle s'unit au chant des acteurs. L'opposition n'était pas en force ce soir-là, quoiqu'il y eût bien quelques sourds témoignages de mécontentement ; mais elle devint plus hostile au foyer. M. de Kératry, s'étant montré royaliste passionné, fut l'objet direct de quelques paroles malveillantes Elles partaient d'un groupe nombreux, au milieu duquel se trouvait un très-jeune homme, le plus exalté de tous. Un propos assez vif de sa part lui attira une réponse moins ménagée encore que n'avait été l'attaque. Alors l'inconnu à la mine si jeune, au costume infiniment modeste, répliqua au merveilleux par excellence :

« Notre conversation, Monsieur, est de celles qui se terminent au bois de Boulogne ; voulez-vous vous y trouver demain matin ? Je serais satisfait de vous y rencontrer. »

M. de Kératry allait répondre qu'il aimait fort la promenade, quand un de ses amis lui dit à l'oreille :

« Prends garde de t'avancer davantage, tu ne peux pas te battre avec ce monsieur, c'est un cabotin ; la cloche va le rappeler tout à l'heure pour aller sauter avec ses compagnons figurants. » Auguste reprit en riant et à haute voix :

« Je n'ai jamais refusé une balle que l'on veut m'envoyer loyalement ; ainsi, à demain, jeune homme. Voici ma carte. »

Celui-ci n'en avait pas, il crayonna son nom de B.... C'était véritablement un simple figurant. Chacun fut exact au rendez-vous avec ses témoins. M. de Kératry tira le premier et malgré son habileté, manqua B.... Ce dernier visa plus juste, et blessa grièvement son adversaire à la poitrine. B... quitta le théâtre, s'engagea, et de brillants faits d'armes hâtèrent son avancement. Il est devenu général de division, et comme plusieurs autres généraux du même nom, il s'est acquis une glorieuse réputation militaire.

(D), page 135.

Après le 3 nivôse, le premier consul, à l'occasion de la machine infernale, et pour un crime où les septembriseurs n'avaient pas trempé, obtint de la complaisance du sénat la déportation de cent vingt individus choisis dans les derniers rangs des révolutionnaires de 93. Fournier l'Américain, Mamin, qui avait arraché le cœur de madame de Lamballe, et une vingtaine d'autres, furent placés sur la liste avec la désignation de septembriseurs. Ce fut le passeport de cette mesure illégale, et l'opinion ne réclama point les formes et les garanties de la justice pour ceux qui étaient depuis huit années au ban de l'infamie. (*Histoire de la Convention*, par M. de Barante.)

(E), page 172.

Voici un témoignage de cette prétendue douleur civique et fraternelle. Quelques jours après l'assassinat de Lepelletier par le garde du corps Pâris, on donna sur ce sujet une pièce de circonstance au théâtre Feydeau. C'était Granger qui faisait Lepelletier, et Chenard, Félix. Celui-ci affichait encore de l'élégance à ce moment ; aussi, dit-il avec colère à M. de Pressac, qui, à la première représentation, était à ses côtés :

« Quel pantalon, quelle tenue ! ce Chenard devrait au moins chercher à m'imiter convenablement. »

Ce fut là sa seule émotion.

(F), 196.

Bouigues, représentant du Lot, venait beaucoup chez mon père, ainsi que ses collègues Cavaignac et Montmayoux. M. de B... étant né à Cahors, et continuant à vivre dans la maison de mon père, y présentait ses compatriotes députés. Bouigues était le favori de ma mère, et certes on n'en jasera pas. Il était laid, ramassé, et le plus violent bégayeur que j'aie rencontré de ma vie; mais que de bonté ! que de services il a rendus dans son département ! que de sollicitudes pour ses relations de Paris ! Il ne fit jamais de mal, et fit beaucoup de bien. Quant à Cavaignac, il était beau, gai, railleur, et me donnait plutôt l'idée d'un don Juan que d'un révolutionnaire. Montmayoux, éloquent, grave, toujours sombre, présentait un contraste parfait avec son aimable collègue Cavaignac. C'est tout au plus s'il fut du parti repentant après thermidor.

(G), page 205.

Parmi les anciens habitués de la rue Vivienne et de Sucy, je retrouvai avec un vrai plaisir, chez madame de Bordeaux, M. de Pressac. Il était alors très-lié avec madame de Flahaut, qui revenait d'émigration complétement ruinée. Heureusement pour elle et pour nous, son talent, si fin et si ingénieux, fut pour elle une précieuse ressource, quoiqu'alors à peine connu. Je vois encore M. de Pressac arrivant chez madame de Bordeaux, un gros paquet de livres sous le bras, et nous disant :

« Allons, Mesdames, faites une bonne œuvre, et achetez ce volume. Cela aidera une mère à élever son fils. Ce volume était tout bonnement un chef-d'œuvre ; c'est nommer *Adèle de Séranges*. »

Quant à M. de Morand, il avait fini par épouser une actrice de l'Opéra-Comique, mademoiselle Parisot, ce qui éloigna de lui le monde aristocratique dans lequel il avait toujours vécu. Cependant, cette artiste était aussi sage que belle.

(H), page 223.

Mieux que tout autre, il pouvait connaître la fausseté des accusations dirigées contre mes amis; car je ne puis dissimuler que Maïa et son oncle étaient du parti dantoniste; ses amis intimes, Camille Desmoulins, Fabre d'Églantine, et plusieurs autres du même bord, savaient parfaitement que cette malheureuse famille leur était complétement étrangère. Rendons d'ailleurs justice à l'ex-ministre et à Maïa. Ils avaient tous deux un caractère si doux, si humain, qu'ils devaient être plutôt partisans du Danton de 94 que de celui de 92.

« Mon Dieu! me dit une fois Maïa, vous n'auriez pas le courage de le maudire, ainsi que vous le faites, si vous l'eussiez entendu s'écrier, dans toute l'énergie de son âme :

— Je briserai cette f... guillotine, ou j'y monterai avant peu! Vous ne connaissez donc pas tous les efforts qu'il a faits pour sauver les Girondins? »

(I), page 246.

Dans les mémoires faussement attribués à Fleury, et rédigés par Laffite, se trouve parfois un fait réel, au milieu de faits controuvés ; il prétend qu'Elleviou, au désespoir, suivit le lugubre cortége ; qu'Amélie le vit, posa la main sur son cœur, et lui envoya son dernier regard. Il dit encore, qu'avant d'aller à la mort, elle coupa sa magnifique chevelure, et la confia à des mains amies, pour être remise à celui qu'elle avait tant aimé.

www.ingramcontent.com/pod-product-compliance
Ingram Content Group UK Ltd.
Pitfield, Milton Keynes, MK11 3LW, UK
UKHW022051190726
13855UKWH00002B/469

9 782012 934290